Steilküste bei Gásadalur, Tour 18

Färöer

Dieses OutdoorHandbuch wurde konzipiert und redaktionell erstellt von der:

Conrad Stein Verlag GmbH
Kiefernstr. 6, 59514 Welver
☏ 023 84/96 39 12
info@conrad-stein-verlag.de
www.conrad-stein-verlag.de
www.facebook.com/outdoorverlag
www.instagram.com/outdoorverlag

Druckprodukt mit finanziellem
Klimabeitrag
ClimatePartner.com/10951-2505-1005

Als Outdoor-Verlag sind uns der Schutz und die Erhaltung der Natur seit jeher ein besonderes Anliegen. Auch in Sachen Klimaschutz haben wir eine Vorreiterrolle inne: Wir sind der einzige Buchverlag in Deutschland, der bereits seit 2008 seine Bücher konsequent klimaneutral in Deutschland produzieren und transportieren lässt. Dabei wird nicht nur klimaneutral, sondern auch nachhaltig, d. h. so umweltschonend wie möglich produziert, z. B. durch die Auswahl von umweltfreundlichen Materialien. Die bei der Produktion der Bücher entstandenen CO_2-Emissionen werden durch die Unterstützung von zertifizierten Klimaschutzprojekten ausgeglichen. Jedes Buch wird daher mit dem Logo „klimaneutral" und einer ClimatePartner-Zertifikatsnummer versehen. Mithilfe dieser Nummer können Sie unter www.climatepartner.com Informationen zu der eingesparten CO_2-Menge und dem Projekt finden, das mit der Abgabe gefördert wird.

Das Engagement des Conrad Stein Verlags wurde im Rahmen des Projekts „Klimaneutraler Buchverlag" mit dem Westenergie Klimaschutzpreis 2022 ausgezeichnet.

OutdoorHandbuch Band 467

ISBN 978-3-86686-858-8 2., überarbeitete Auflage 2025

Text: Andrea Susanne Opielka
Fotos: Andrea Susanne Opielka (falls nicht anders angegeben)
Karten: Manuela Dastig und Dieter Großelohmann
Lektorat: Amrei Risse und Anna-Lena Ebner
Layout: Anna-Lena Ebner

Gesamtherstellung: gutenberg beuys feindruckerei

Dieses OutdoorHandbuch hat 160 Seiten mit 72 farbigen Abbildungen sowie 29 farbigen Karten im Maßstab 1:25.000, 1:50.000 und 1:75.000, 24 farbigen Höhenprofilen und einer farbigen, ausklappbaren Übersichtskarte.

Autorin und Verlag freuen sich über Ihr Feedback. Schreiben Sie Ihre Tipps und Verbesserungen an info@conrad-stein-verlag.de oder nutzen Sie unsere Social-Media-Kanäle. Bitte nennen Sie dabei Titel, Auflage und Seitennummer.

Dieses Buch ist im Buchhandel und in Ausrüstungsläden erhältlich und kann im Internet oder direkt beim Verlag bestellt werden.

Titelfoto: Blick auf die Ortschaft Nólsoy und die Insel Eysturoy im Hintergrund, Tour 16, Foto: Christoph Schulze

Inhalt

☺ Einige der in diesem Führer beschriebenen Wanderwege laufen durch mehr oder weniger flaches Gelände ohne nennenswerte Höhenunterschiede. In diesen Fällen wurde auf die Darstellung eines Höhenprofils verzichtet.

☺ Eine **Übersichtskarte** des Weges, ein **Autorinnenprofil** sowie eine Liste aller verwendeten **Symbole** in diesem Buch finden Sie auf den vorderen und hinteren Umschlagseiten bzw. -klappen.

Die Färöer

Mitten im Nordatlantik erhebt sich die kleine Inselgruppe der Färöer, 475 km von Island, 580 km von Schottland und 625 km von Norwegen entfernt. Ihr rauer Charme übt eine ganz besondere Faszination aus und zeigt sich in schroffen Felsen, steilen Vogelklippen, tiefen Schluchten, grünen Hängen, kleinen Seen, munteren Bächen, pittoresken Dörfern und bunten Häusern. Allgegenwärtig ist auch die tosende Meeresbrandung – kein Punkt des Archipels liegt mehr als 5 km vom Wasser entfernt. Die 18 Inseln haben eine Gesamtfläche von knapp 1.400 km² und dehnen sich 113 km von Nord nach Süd sowie 75 km von Ost nach West aus. Neben 54.000 Einwohnern leben hier rund 80.000 Schafe, die der Inselgruppe den Namen „**Schafsinseln**" gaben. Von der immensen Bedeutung dieser Tiere zeugt der 1298 erlassene „Schafsbrief", der das wirtschaftliche Leben der Bevölkerung fast 600 Jahre lang gesetzlich regelte. Auch das bekannte Sprichwort „ull er føroyar gull" (Wolle ist das Gold der Färöer) unterstreicht die wichtige Stellung der Tiere im färöischen Alltag.

Die offizielle Landnahme erfolgte ab 825 n. Chr. durch norwegische Wikinger und ist in der **Färingersaga** aus dem 13. Jahrhundert ausführlich dokumentiert. Hier verschmelzen historische Fakten und Fiktion zu einer spannenden Geschichtsschreibung. Archäologische Ausgrabungen haben jedoch gezeigt, dass Teile des Archipels bereits im 4. Jahrhundert n. Chr. besiedelt waren. Keltische Ortsnamen und frühe schriftliche Zeugnisse deuten außerdem darauf hin, dass um 650 n. Chr. irische Mönche auf die Inseln kamen und hier als Einsiedler lebten. Bis 1397 waren die Färöer eine autonome Provinz des norwegischen Königreichs, dann fielen sie im Zuge der Kalmarer Union an Dänemark. Die folgenden Jahrhunderte waren durch harte Lebensbedingungen mit zahlreichen Entbehrungen, bitterer Armut und verheerenden Seuchen geprägt. Erst mit der Aufhebung des dänischen Handelsmonopols und der Wiedereinsetzung eines eigenen Parlaments begann in der Mitte des 19. Jahrhunderts der wirtschaftliche Aufschwung. Allmählich entwickelte sich die traditionelle Bauerngesellschaft zu einer modernen Fischereination. Seit 1948 sind die Färöer ein selbstständiger Teil des dänischen Königreiches mit eigener Regierung und Verwaltung. An diesem Arrangement scheiden sich in der Bevölkerung die Geister: Während die einen unermüdlich für die Unabhängigkeit ihres Landes kämpfen, möchten die anderen die Vorteile der Reichsgemeinschaft nicht missen.

Aufgrund der abgeschiedenen Lage und der jahrhundertelangen Isolation konnten die Färinger ihre **eigene Sprache** und ihre **einzigartige Kultur** bewahren. Alte Dorfkirchen und kleine Museen zeugen davon ebenso wie typische Strickmuster, mittelalterliche Kettentänze, religiöse Kingogesänge oder traditionelle Speisen. Landestypische Spezialitäten wie gekochter Schafskopf, luftgetrocknetes Hammelfleisch, Trockenfisch, Fischfrikadellen oder gepökeltes Walfleisch verdeutlichen bis heute die immense Bedeutung des Meeres und der kargen Landwirtschaft für die Ernährung. Fischfang, Schafzucht, Kartoffelanbau und Grindwalfang werden trotz des modernen Lebensstils immer noch auf althergebrachte Weise betrieben.

Die Färöer liegen auf dem Wyville-Thomson-Rücken und entstanden vor 55-60 Millionen Jahren durch vulkanische Tätigkeit. Durch den permanenten Wechsel zwischen Lavaeruptionen und kräftigem Ascheregen bildeten sich abwechselnd Basalt- und Tuffschichten, die an manchen Berghängen deutlich zu erkennen sind. Das heutige Landschaftsbild ist durch zahlreiche Buchten und Fjorde geprägt, die sich erst vor ca. 10.000 Jahren als Folge der letzten großen Eiszeit bildeten. Auch die ersten Siedler haben markante Spuren hinterlassen, indem sie den ursprünglichen Baumbestand rigoros vernichteten und die Stämme als Bau- oder Brennholz verwendeten.

Eine starke Bodenerosion und die überall grasenden Schafe verhinderten eine natürliche Wiederbewaldung und führten zu einer kargen, fast baumlosen Vegetation.

Die kleine Inselgruppe gilt als ideales Urlaubsziel für **Naturliebhaber**. Beim Wandern auf jahrhundertealten Pfaden können Sie die friedliche Stille und die beinahe unberührte Natur in vollen Zügen genießen. Dabei bieten sich immer wieder grandiose Ausblicke über die grünen Steilhänge und das tiefblaue Meer. Neben den allgegenwärtigen Schafen lassen sich ca. 300 verschiedene Vogelarten beobachten, darunter Enten, Möwen, Küstenseeschwalben, Trottellummen, Tordalke und Papageitaucher. Als färöischer Nationalvogel gilt der Austernfischer mit seinem schwarz-weißen Gefieder und dem langen, roten Schnabel. Seine Rückkehr auf die Inseln gilt als Zeichen des Frühlings und wird seit 1943 jedes Jahr am St.-Gregors-Tag (12. März) mit Liedern und einem Umzug der Pfadfinder feierlich begangen.

Die **Wanderinfrastruktur** stammt überwiegend aus der Zeit vor dem Straßenbau, als die Menschen zu Fuß von einem Dorf zum nächsten gehen mussten. Damals existierte ein weitverzweigtes Netz an Pfaden, das an möglichst ungefährlichen Stellen über die schroffen Bergpässe führte und die einzelnen Siedlungen miteinander verband. Aus diesen historischen und geografischen Gründen gibt es auf den Färöern zwar zahlreiche Wandermöglichkeiten, aber kaum Rundwege.

Leider haben die steigenden Touristenzahlen in den letzten Jahren zunehmend zu Irritationen geführt und bei einigen einheimischen Bauern den Wunsch ausgelöst, fremde Menschen von ihrem Grund und Boden fernzuhalten. Dieser Unmut ist noch dadurch verstärkt worden, dass immer wieder Wanderer aus den Bergen gerettet werden müssen, die das färöische Wetter oder ihre eigene Kondition nicht richtig einschätzen können. Einige Wege dürfen deshalb nur noch mit einem lokalen Guide begangen werden. An anderen Stellen werden von den Landeigentümern inzwischen Wegezölle erhoben, die auch als Entschädigung für den Aufwand der Bergrettung dienen sollen.

Bitte respektieren Sie bei Ihren Wanderungen unbedingt die geltenden Verhaltensregeln (☞ Reise-Infos, Verhalten in der Natur) und machen Sie sich immer wieder bewusst, dass Sie auf landwirtschaftlich genutztem Terrain unterwegs sind und Rücksicht auf die weidenden Schafe nehmen müssen. Wenn Sie Gegenden oder Inseln erkunden möchten, die in diesem Führer nicht beschrieben sind, dann buchen Sie eine geführte Wanderung oder erkundigen Sie sich direkt vor Ort, ob das Betreten des Geländes erlaubt und kostenfrei ist.

Reise-Infos

An- und Abreise

Die Färöer sind sowohl mit dem Flugzeug als auch mit der Autofähre zu erreichen. Bitte beachten Sie, dass die Inseln zwar zu Dänemark gehören, sich aber gegen eine EU-Mitgliedschaft entschieden haben und deshalb außerhalb des Schengener Abkommens liegen. EU-Bürger sowie Schweizer müssen bei der Einreise einen gültigen Reisepass vorlegen, für deutsche Staatsbürger reicht auch der Personalausweis. Ein Visum ist für einen touristischen Aufenthalt nicht erforderlich.

Eine kleine Autofähre verbindet Tórshavn mit der vorgelagerten Insel Nólsoy

Mit dem Flugzeug

Der färöische Flughafen auf der Insel Vágar wird von den beiden Fluggesellschaften Atlantic Airways und SAS angeflogen. Reisende aus Deutschland, Österreich und der Schweiz müssen in der Regel in Kopenhagen umsteigen. Atlantic Airways bietet in der Hochsaison von Kopenhagen täglich 5-6 Direktflüge sowie Anschlussflüge von/nach Hannover, Hamburg, Frankfurt, Berlin und Düsseldorf an. SAS führt täglich einen Direktflug von Kopenhagen nach Vágar durch. Die Flugzeit beträgt ca. 2 Std. 5. Min.

- SAS, 💻 www.flysas.com/de-de/
- Atlantic Airways, 💻 www.atlanticairways.com/en

Mit der Autofähre

Die Autofähre „MS Norröna" der Reederei Smyril-Line fährt von Juni bis Anfang September dienstags und samstags von Hirtshals (Norddänemark) nach Tórshavn, die Überfahrt dauert ca. 32 Std. Von September bis Ende Mai erfolgt die Abfahrt nur am Sonntag. Fahrpläne und Tarife finden Sie im Internet unter:

- Smyril-Line, 💻 www.smyrilline.de

Standorte und Unterkünfte

Die Hauptstadt **Tórshavn** ist mit ihrer guten Anbindung an den öffentlichen Nahverkehr und ihrer breiten Palette an Unterkünften der ideale Ausgangspunkt für einen Wanderurlaub. Hier finden Sie neben einer hervorragenden Infrastruktur und guten Restaurants auch interessante Museen und attraktive kulturelle Angebote. Viele der vorgeschlagenen Touren können von Tórshavn aus als Tagesausflug in Angriff genommen werden. Wenn Sie einzelne Regionen intensiver kennenlernen möchten, sollten Sie den Standort zwischendurch wechseln und z. B. einige Tage in der zweitgrößten Stadt **Klaksvík** oder auf der Insel **Vágar** verbringen. Auch eine Erkundung der weiter abgelegenen Insel **Suðuroy** erfordert einen Aufenthalt mit mindestens einer Übernachtung. Wenn Sie dort nur einen Tag verbringen möchten, empfiehlt sich das Buchen einer Kabine an Bord der Fähre „Smyril". Dann können Sie Ihren Inselausflug bis in den späten Abend hinein genießen und früh am nächsten Morgen zurück nach Tórshavn fahren.

Hotels, Hostels, B&B

Die rasante touristische Entwicklung der letzten Jahre hat zu einer deutlichen Erweiterung der Übernachtungskapazitäten geführt. Eine große Auswahl an Hotels mit unterschiedlichem Standard finden Sie in der Hauptstadt Tórshavn.

Es gibt aber auch kleinere Hotels in Runavík (Region Eysturoy), Klaksvík (Region Nordinseln), Sørvágur (Region Vágar) sowie in Tvøroyri und Vágur (Region Suðuroy). Deutlich preisgünstiger übernachten Sie in Gästehäusern oder Jugendherbergen, die Sie u. a. in Tórshavn, Gjógv (Region Eysturoy), Giljanes und Miðvágur (Region Vágar) sowie Øravík und Tvøroyri (Region Suðuroy) finden.

☺ Die lokalen Touristinformationen präsentieren auf ihren Websites nicht nur das komplette Übernachtungsangebot der Region, sondern vermitteln auch Ferienhäuser und Zimmer in Privatunterkünften (Bed & Breakfast).

Camping

Camping erfreut sich auf den Färöern zunehmender Beliebtheit, ist aber nur auf ausgewiesenen Campingplätzen gestattet. Das Übernachten im Wohnmobil am Wegesrand, bei Aussichtspunkten oder auf Parkplätzen ist ebenso verboten wie das wilde Aufstellen von Zelten. Eine Übersicht über die 21 ausgewiesenen Campingplätze finden Sie unter 💻 www.camping.fo.

Bitte beachten Sie, dass einige dieser Plätze nur für Zelte ausgelegt sind und keine Wohnwagen oder Wohnmobile aufnehmen!

Verkehrsmittel vor Ort

Brücken, Dämme und Unterwassertunnel

Sieben der insgesamt 18 Inseln haben einen direkten Anschluss an das Straßennetz und können bequem mit dem Bus oder Auto erreicht werden. Die beiden Hauptinseln Streymoy und Eysturoy sind seit 1973 durch eine 220 m lange Brücke miteinander verbunden und im Norden des Archipels gibt es Straßendämme zwischen den drei Inseln Borðoy, Kunoy und Kalsoy. Mautpflichtige Unterwassertunnel sorgen außerdem für eine schnelle Verbindung zwischen Streymoy und Vágar, Streymoy und Sandøy, Streymoy und Eysturoy sowie Eysturoy und Borðoy. Die Gebühr für einen Pkw beträgt DKK 100 (Steymoy – Vágar & Eysturoy – Borðoy) bzw. DKK 175 (Streymoy – Eysturoy & Steymoy – Sandoy) und muss entweder online unter www.tunnil.fo/english oder an einer örtlichen Tankstelle bezahlt werden.

Öffentlicher Nahverkehr: Fähren und Busse

Zwischen den größeren Inseln und Ortschaften bestehen regelmäßige Fähr- bzw. Busverbindungen. Kleinere Orte und abgelegene Inseln sind hingegen nur 1-2x täglich mit dem Bus oder dem Boot erreichbar. Manche Dörfer haben gar keinen Anschluss an den öffentlichen Personennahverkehr. Die aktuellen Fahrpläne finden Sie unter www.ssl.fo/en.

☺ Wenn Sie für DKK 500 oder DKK 700 eine „Travel Card" erwerben, haben Sie auf allen Fähr- und Buslinien vier bzw. sieben Tage lang freie Fahrt.

In Tórshavn und der Hauptstadtregion verkehren rote, kostenfreie Stadtbusse. Fahrpläne für die sieben verschiedenen Linien finden Sie auf der Internetseite der Kommune www.torshavn.fo unter der Rubrik „Bussleiðin".

Während Sie die fünf Wanderregionen Norðoyggjar, Streymoy, Eysturoy, Vágar und Sandoy mit dem eigenen Fahrzeug oder dem Bus erreichen können, müssen Sie nach Suðuroy mit dem Schiff übersetzen. Von Tórshavn gibt es täglich 2-3 Verbindungen mit der traditionsreichen Fähre „M/F Smyril" (Linie 7). Die Überfahrt dauert gut 2 Std.

Helikopter

Die färöische Fluggesellschaft Atlantic Airways unterhält einige Hubschrauberlinienflüge zu abgelegenen Inseln und Orten. Dieser für die einheimische Bevölkerung eingerichtete Service darf auch von Touristen genutzt werden. Allerdings werden Anwohner bei der Reservierung von Tickets bevorzugt behandelt und zahlen auch nur ein Drittel des Preises, der für Touristen bei Abflug in Tórshavn im Durchschnitt bei DKK 645 liegt. Weitere Informationen erhalten Sie unter 💻 www.atlanticairways.com/en/helicopter.

Mietwagen

Mit dem Mietwagen können Sie auch entlegene Dörfer problemlos erreichen. Die Färöer verfügen über ein modernes, gut ausgebautes Straßennetz. Enge, unbeleuchtete Tunnel und einspurige Straßen gibt es nur noch in abgelegenen Regionen. Neben internationalen Firmen wie Avis, Hertz oder Sixt bieten auch kleine, lokale Anbieter Mietwagen an. Detaillierte Informationen finden Sie unter 💻 www.visitfaroeislands.com/plan-your-stay/transport/car-rental/.

Taxi

Das Taxi ist eine recht kostspielige, aber schnelle und flexible Möglichkeit, um z. B. nach einer Wanderung zum Ausgangspunkt zurückzukehren. Hinweise auf regionale Anbieter sind bei den einzelnen Tourenbeschreibungen aufgeführt.

Informationen

Regionale Touristinformationen vor Ort

Auf den Färöern gibt es regionale Touristinformationen in Tórshavn, Nólsoy, Vestmanna, Runavík, Fuglafjørður, Klaksvík, Sandur, Tvøroyri und Vágur sowie im Ankunftsbereich des internationalen Flughafens.

- **Visit Tórshavn**, Niels Finsens Gøta 17, 100 Tórshavn, ☎ +298/30 24 25, ✉ torsinfo@torshavn.fo, 💻 www.visittorshavn.fo
- **Visit Nólsoy**, í Túni 11, 270 Nólsoy, 📱 +298/52 70 60, ✉ anja@visitnolsoy.fo, 💻 https://nolsoy.fo/en/visit-nolsoy/
- **Visit Vestmanna**, Fjarðarvegur 2, 350 Vestmanna, ☎ +298/47 15 00, ✉ touristinfo@olivant.fo, 💻 www.visit-vestmanna.com
- **Visit Runavík**, Heiðavegur 13, 600 Saltangará, ☎ +298/41 70 60, ✉ visit@runavik.fo, 💻 www.visitrunavik.fo

- **Visit Eysturoy**, í Støð 14, 530 Fuglafjørður, +298/23 80 15, visit@fuglafjordur.fo, www.visiteysturoy.fo
- **Visit North**, Biskupstorg 1, 700 Klaksvík, +298/45 69 39, info@klaksvik.fo, https://visitnorth.fo
- **Visit Vágar**, +298/33 34 55, visitvagar@visitvagar.fo, www.visitvagar.fo, nur online, keine Büro vor Ort!
- **Visit Sandoy**, Mørkin Mikla 3, 210 Sandur, +298/22 20 78, info@visitsandoy.fo, www.visitsandoy.fo
- **Visit Suðuroy**, Tvørávegur 37, 800 Tvøroyri, +298/61 10 80, info@tvoroyri.fo, www.visitsuduroy.fo
- **Visit Suðuroy**, Vágsvegur 57, 900 Vágur, +298/23 93 90, info@vagur.fo, www.visitsuduroy.fo

Informationen im Internet

- www.visitfaroeislands.com: offizielle Seite der färöischen Touristenzentrale mit detaillierten praktischen Informationen auf Deutsch, Englisch und Dänisch
- www.hiking.fo: Buchungsportal für geführte Wanderungen auf Englisch und Färöisch
- www.hikewithpol.fo: Website des färöischen Bergführers Pól Sundskarð mit zahlreichen Tourenvorschlägen auf Englisch und Färöisch
- www.faeroeer.eu: Internetauftritt des Deutsch-Färöischen Freundeskreises mit Hinweisen zu aktuellen Publikationen, Veranstaltungen usw.

Notruf

Die färöische Notrufnummer für Polizei, Feuerwehr und Rettungsdienst lautet einheitlich 112 und ist kostenfrei.

Sie müssen bei Wanderungen in einsamen Gebieten damit rechnen, dass es stellenweise **keinen Handyempfang** gibt!

Das nationale Touristenbüro rät allen Wanderern, vor dem Beginn jeder Tour den ausgefüllten Ausweis „Safe travel“ in der Unterkunft abzugeben oder ihn gut sichtbar hinter die Windschutzscheibe des Autos zu legen. Hier tragen Sie Ihren Namen, Ihre Telefonnummer und die geplante Route ein.

Den Ausweis erhalten Sie in den lokalen Touristinformationen oder als Download unter 💻 www.visitfaroeislands.com/see-do/hiking/.

Klima und Reisezeit

Der Golfstrom sorgt auf den Färöern für ein maritimes Klima mit kühlen Sommern und milden Wintern. Die Durchschnittstemperaturen liegen im Juli bei 11° C und im Januar bei 4° C. Ein Wanderurlaub ist von Mitte Mai bis Anfang September zu empfehlen.

Charakteristisch für das oft unberechenbare Wetter sind zahlreiche Niederschläge, starke Winde und gefährliche Formen des Nebels. Der Ausspruch „Während man in anderen Ländern sagt, man könne die Hand nicht vor den Augen sehen, glaubt man bei färöischem Nebel, gar keine Hand zu haben" macht sehr deutlich, was dem Wanderer im schlimmsten Fall widerfahren kann. Falls Sie in den Bergen von dichtem Nebel überrascht werden, müssen Sie Ihre Tour sofort unterbrechen und an Ort und Stelle auf bessere Sicht warten.

Das Wetter kann auf den Färöern sehr schnell umschlagen und das faszinierende Lichtspiel einer plötzlich aufreißenden Wolkendecke entschädigt für vieles. Bleiben Sie bei Ihrer Tagesplanung stets flexibel und richten Sie Ihre Aktivitäten nach den aktuellen Gegebenheiten aus. Denn während es auf der einen Insel in Strömen regnet, kann es auf der Nachbarinsel durchaus sonnig sein. Als die Briten die Färöer im Zweiten Weltkrieg besetzten, gaben sie dem Archipel den Namen „Land of maybe". Beherzigen auch Sie dieses „vielleicht", passen Sie sich dem Wetter an und zeigen Sie Respekt vor der unbändigen Kraft der Natur!

☺ Bei den Tourenbeschreibungen finden Sie konkrete Vorschläge, wie Sie die einzelnen Wanderungen gegebenenfalls abkürzen oder verlängern können.

Den aktuellen Wetterbericht können Sie auf den Websites des färöischen, dänischen oder norwegischen meteorologischen Instituts verfolgen, 💻 www.vedur.fo, 💻 www.dmi.dk bzw. 💻 www.yr.no.

Die färöische Straßenmeisterei Landsverk unterhält eine ganze Reihe von Webcams, die Sie auf der Seite 💻 www.landsverk.fo unter der Rubrik „vevmyndir" finden.

Durchschnittstemperaturen (Min./Max. in °C) und Anzahl der Regentage

	Jan	Feb	März	April	Mai	Juni	Juli	Aug	Sep	Okt	Nov	Dez
°C	2/6	2/6	2/6	3/7	5/9	7/11	9/13	9/13	8/12	6/9	3/7	2/6
Regen-tage	22	18	20	16	12	11	13	14	18	21	20	22

Ausrüstung und Bekleidung

Für einen Tagesausflug reicht in der Regel ein kleiner Rucksack mit Trinkwasser oder Heißgetränk, Proviant und Erste-Hilfe-Set. Da das Wetter auf den Färöern sehr unbeständig ist und schnell umschlagen kann, sollten Sie auch an schönen Tagen eine wind- und wasserabweisende Jacke einpacken. Alternativ bietet sich einer der traditionellen färöischen Wollpullover an, der die Wärme gut hält und leichte (!) Regenschauer problemlos verkraften kann. Das Tragen von Regenhosen ist in den Bergen nicht zu empfehlen. Zu groß ist die Gefahr, dass Sie bei einem Sturz den Halt verlieren und auf dem glatten Stoff den Hang hinabrutschen. Auch wenn das bevorzugte Schuhwerk der Einheimischen robuste Gummistiefel sind, sollten Sie auf feste, wasserabweisende Wanderschuhe nicht verzichten. Ebenfalls in den Rucksack gehören eine Sonnenbrille und Sonnenschutzmittel.

Landkarten und GPS

Für Wanderungen ist das topografische Kartenwerk „Føroyar“ im Maßstab 1:20.000 zu empfehlen, das vom dänischen Vermessungsamt Kort- og Matrikelstyrelsen herausgegeben wird. Es besteht aus 37 Blättern und deckt die gesamte Inselgruppe ab. Das Vermessungsamt bietet auch eine Übersichtskarte im Maßstab 1:200.000 an. Die bekannte blaue Serie ist nur noch in Teilen lieferbar. Die Blätter werden bei Bedarf ersetzt durch eine Kartenserie mit etwas größeren (kompatiblen) Blattschnitten von ProjektNord. Die Karten erhalten Sie auf 💻 mapfox.de.

Das Fremdenverkehrsamt gibt jedes Jahr eine kostenfreie Landkarte im Maßstab 1:200.000 heraus, die einen guten Überblick über die einzelnen Inseln verschafft, als Wanderkarte jedoch nicht geeignet ist.

Auch die topografische Karte „Färöer" im Maßstab 1:190.000, die vom Verlag freytag & berndt herausgegeben wird, bietet eine gute Übersicht, ist für Wanderungen wegen des groben Maßstabs jedoch ebenfalls nur bedingt geeignet.

Auf dem Internetportal https://kort.foroyakort.fo/kort finden Sie detailliertes topografisches Kartenmaterial. Hier können Sie einzelne Inseln oder Regionen beliebig stark heranzoomen und den gewählten Ausschnitt anschließend als PDF-Datei herunterladen.

☺ Die Kartenempfehlungen wurden von der Geobuchhandlung Kiel überprüft, www.geobuchhandlung.de.

Die GPS-Tracks zu den beschriebenen Wanderungen stehen zum Download auf der Internetseite des Verlags (www.conrad-stein-verlag.de) bereit. Suchen Sie dort nach diesem Titel und gehen Sie zum Punkt „GPS". Der abgebildete QR-Code führt Sie direkt dorthin.

Tipps zum Umgang mit dem GPS-Gerät finden Sie in dem Ratgeber „**GPS** – Grundlagen · Tourenplanung · Navigation" von Michael Hennemann, Conrad Stein Verlag, ISBN 978-3-86686-769-7 € 12,90.

Wanderinfrastruktur

Bei vielen Wandervorschlägen handelt es sich um alte Verbindungswege, die von einem Dorf zum nächsten führen und mit gut sichtbaren Steinpyramiden (färöisch: *varði*) gekennzeichnet sind. Auf manchen Strecken gibt es eine zusätzliche Markierung durch bunte Holzpfähle.

Auf den Färöern unterscheidet man zwischen der in unmittelbarer Dorfnähe gelegenen **Innenmark** und der sich daran anschließenden **Außenmark**.

Die kultivierte Innenmark wird landwirtschaftlich genutzt und ist oft eingezäunt oder von Feldsteinmauern umgeben. Wanderer müssen hier unbedingt auf den vorhandenen Wegen bleiben. In der Regel führt ein Gatter oder eine Zauntreppe in die Außenmark. Dieses unkultivierte Ödland dient ganzjährig als Weidefläche für die Schafe. Hier gehören sumpfige Gebiete, kleine Wasserläufe, unebene Stellen, steile Wiesenhänge und Strecken ohne erkennbaren Pfad zur Tagesordnung. Die meisten Bäche sind so flach, dass sie sich problemlos trockenen Fußes queren lassen. Tiefe Gewässer sollten Sie barfuß queren. Seien Sie dann besonders vorsichtig und achten Sie darauf, dass Sie Halt unter den Füßen haben und nicht wegrutschen.

Da der Weg oft nicht exakt vorgegeben ist, können bei den Kilometerangaben für die einzelnen Touren nur Richtwerte angegeben werden. Sobald Sie eine etwas andere Route durch das Terrain wählen, verkürzt oder verlängert sich die Wegstrecke um bis zu 500 m.

Die Färöer gelten mit ihren hohen Bergen, engen Tälern und schroffen Küsten als eher anspruchsvolles Wandergebiet. Informationen zur Einteilung der Touren in die verschiedenen Schwierigkeitsgrade finden Sie auf der Umschlagklappe.

Verhalten in der Natur (*Virðing*)

Aktuell befindet sich der Tourismus auf den Färöern im Umbruch, immer mehr Menschen strömen auf die Inseln, um die atemberaubende Natur hautnah zu erleben. Dabei dringen sie in den Lebensraum der Schafe und Vögel ein und geraten manchmal auch in Konflikt mit den Landeigentümern. Denken Sie daran, dass die Wanderwege durch landwirtschaftlich genutzten Privatgrund führen und dass deshalb ein rücksichtsvoller Umgang mit der Natur (färöisch: **Virðing**) an erster Stelle steht:

▷ Folgen Sie den Wegmarkierungen und halten Sie sich an die gekennzeichneten Pfade.
▷ Nehmen Sie Rücksicht auf brütende Vögel und weidende Schafe.
▷ Brechen Sie Ihre Tour ab, wenn im Wandergebiet ein Schafabtrieb stattfindet. Dies kann insbesondere im Juli und August vorkommen.
▷ Schließen Sie Gatter und Pforten hinter sich.
▷ Nehmen Sie keine Pflanzen, Steine oder Vogeleier mit.
▷ Gehen Sie nicht zu nah an die Steilküste oder an Feuchtgebiete heran. Es besteht die Gefahr, abzustürzen bzw. tief einzusinken.
▷ Geben Sie in Gebieten mit losen Steinen oder Felsen besonders gut acht.
▷ Lassen Sie keinen Abfall in der Natur zurück.

Wandern mit Kindern

Die Färöer sind kein ideales Wandergebiet für Familientouren mit Kleinkindern. Ein **Buggy** kann nur auf den wenigen Strecken über Asphaltstraßen geschoben werden (☞ Touren 14, 21 und 26). Für alle weiteren Touren benötigen Sie gegebenenfalls ein Tragetuch oder Tragegestell.

Mit Grundschulkindern können Sie die als eingestuften Wanderungen problemlos meistern, sobald die nötige Sensibilität für die geltenden Verhaltensregeln vorhanden ist. Die mit markierten Touren sind für Kinder ab 10 Jahren empfohlen. Attraktive Ziele wie Berggipfel oder Leuchttürme, atemberaubende Aussichten, grasende Schafe und zahlreiche Vögel sorgen bei den kleinen Wanderern für Begeisterung.

☺ In manchen Fällen existiert zu der beschriebenen Hauptroute eine kinder**freundlichere Alternative**. Dies erkennen Sie daran, dass ein oder mehrere -Piktogramme in Klammern gesetzt sind.

Wandern mit Hund

Die aktuellen färöischen Einreisebestimmungen verbieten Touristen das Mitführen von Haustieren jeglicher Art. Außerdem sind Hunde außerhalb geschlossener Ortschaften nur beim Schafabtrieb erlaubt. Deshalb ist das Wandern mit Hund auf den Färöern leider nicht möglich.

Updates

Der Conrad Stein Verlag veröffentlicht Updates zu diesem Wanderführer, die direkt von der Autorin oder von Lesern und Leserinnen des Buches stammen. Sie finden sie auf der Internetseite des Verlags (💻 www.conrad-stein-verlag.de), wenn Sie dort diesen Buchtitel aufrufen und zum Punkt „Updates“ gehen. Der abgebildete QR-Code führt Sie direkt zur richtigen Seite.

Norðoyggjar – die Nordinseln

Auf dem Weg zum Áarskarð, Tour 2, Foto: Helle

1 Von Haraldssund zum verlassenen Ort Skarð

Tour für Geschichtsliebhaber

Die über weite Strecken einfache, aber recht lange Wanderung verläuft an der Ostküste der Insel Kunoy Richtung Norden. Der gut erkennbare Pfad führt auf einem Plateau oberhalb der Steilküste entlang bis zur 1919 aufgegebenen Siedlung Skarð. Hier können Sie die Grundmauern der ehemaligen Häuser besichtigen und die schwierigen Lebensumstände hautnah nachempfinden, unter denen die Menschen früher auf den Färöern gelebt haben.

Start/Ziel: Parkplatz am Gemeindehaus Haraldssund, GPS N 62°16.238' W 006°36.121'

14 km

5 Std.

250 m/250 m

0-54 m

Der Weg ist nicht markiert.

Der über weite Strecken gut erkennbare Pfad führt immer am Grashang entlang. Dabei müssen einige kleine Bachläufe und sumpfige Stellen überwunden werden.

Es sind keine Einkehrmöglichkeiten vorhanden.

Es gibt unterwegs keine Bänke oder offiziell ausgewiesenen Rastplätze, in Skarð befindet sich aber eine kleine Schutzhütte (km 6,7).

Aufgrund der Länge ist die Wanderung für Kinder unter 10 Jahren nicht zu empfehlen.

Am Startpunkt gibt es einen kostenfreien Parkplatz.

Die Linie 504 vom Busterminal Klaksvík nach Haraldssund verkehrt nur werktags (2x täglich zu recht ungünstigen Zeiten, wobei die Nachmittagstour nur nach telefonischer Vorbestellung gefahren wird).

Der Weg beginnt an der Informationstafel neben dem Gemeindehaus von **Haraldssund**. Sie folgen der Straße durchs Dorf und biegen nach 200 m halb rechts in den zum Hafen hinabführenden Fjøruvegur ab. Auf der linken Straßenseite sehen Sie ein gelbes und ein grünes Haus. Diese beiden Gebäude standen ursprünglich in Skarð, wurden beim Verlassen des Ortes jedoch von ihren Bewohnern mitgenommen und in Haraldssund wiederaufgebaut. Am ⚓ Hafenbecken geht die Asphaltstraße in einen holprigen Fahrweg über, der wenig später an einem Gatter endet.

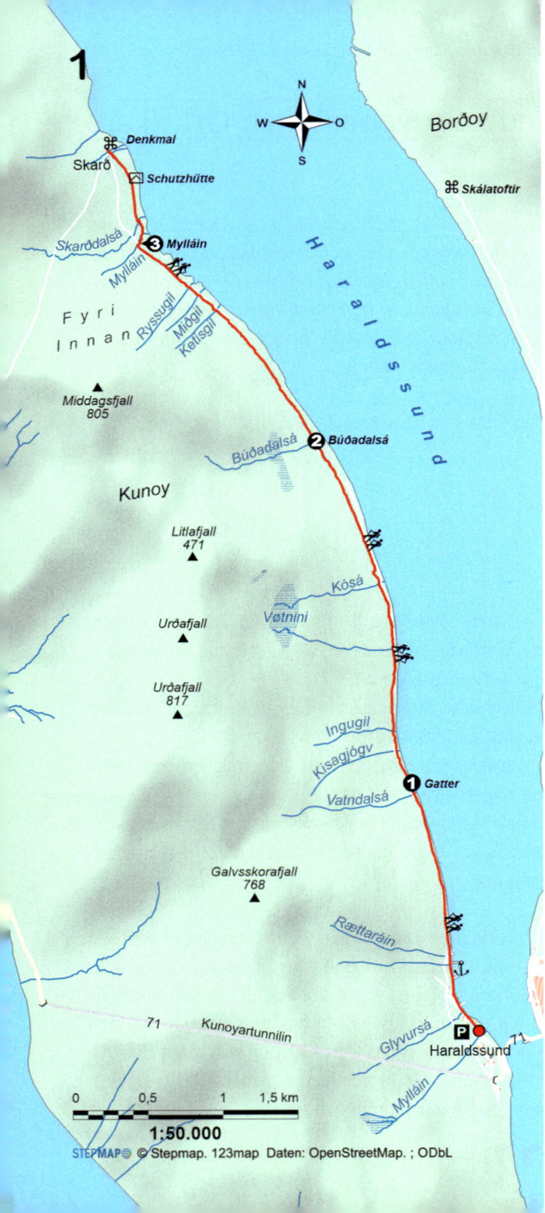

Nun haben Sie die **Außenmark** erreicht und wandern auf dem gut erkennbaren Graspfad oberhalb der Küste entlang Richtung Norden. Hier herrscht Natur pur und nur ab und zu durchbricht das leise Tuckern eines Bootes oder das aufgeregte Rufen eines Vogels die wohltuende Stille. Nach gut 1 km passiert der Weg den breiten, aber flachen Fluss **Vatndalsá**, dessen felsiges Bachbett sich problemlos trockenen Fußes durchqueren lässt. 100 m später erreichen Sie ein Gatter ❶ und kurz darauf zwei weitere Wasserläufe. Linker Hand befindet sich nun ein Zaun, der schon bald schräg nach oben auf die Anhöhe hinaufführt. Achten Sie darauf, dass Sie ihm nicht folgen, sondern auf gleichbleibender Höhe immer geradeaus weitergehen. Dabei kommen Sie nach 500 m an einer kleinen Schlucht und nach weiteren 400 m an einem zweiten Gatter vorbei.

Wenn der Weg kurz danach einen hellgrünen **Schafspferch** erreicht, können Sie entweder links am Pferch vorbeilaufen und dabei über einen Zaun klettern oder durch den Pferch hindurchgehen und am Ende über die Pforte steigen. Im nächsten Abschnitt ist der Pfad etwas schwieriger zu erkennen, es geht aber immer weiter geradeaus. Unten im Sund liegt eine große Lachszuchtanlage, deren Versorgungsschiff mit seinem permanenten Dröhnen für eine Weile die friedliche Stille durchbricht. Nachdem Sie die beiden Flussläufe des **Búðadalsá** ❷ durchquert haben, reicht der Steilhang des Berges **Middagsfjall** bis dicht an den Weg heran. Der Pfad ist nun wieder gut sichtbar und führt direkt auf ein Gatter zu. 300 m hinter einer weiteren Bachdurchquerung steigt der Weg 200 m lang steil an und führt dann auf der neuen Höhe beinahe eben weiter. Das Terrain kann nach niederschlagsreichen Tagen ziemlich feucht und unangenehm sein.

Auf der anderen Seite des Sundes sehen Sie die Westküste der Insel Borðoy, an der sich früher das winzige Dorf **Skálatoftir** befand. Es teilt das Schicksal der Ortschaft Skarð und wurde schon vor langer Zeit aufgegeben, die grünen Weideflächen der Innenmark sind aber immer noch gut erkennbar.

Nach der Umrundung des Middagsfjall erreichen Sie das Tal Fyri Innan und kommen schließlich zum Fluss **Mylláin** ❸, der einen schönen kleinen Wasserfall

Wasserfall in der Nähe des verlassenen Ortes Skarð

Schutzhütte oberhalb des Hafens von Skarð

bildet und sich am besten etwas weiter unterhalb durchqueren lässt. Es folgen weitere wasserreiche Bäche, die für Wanderer etwas beschwerlich sein können, für den Ort aber eine äußerst wichtige Lebensgrundlage bildeten.

Die letzten 500 m bis zur gut sichtbaren, rot gestrichenen ⌂ **Schutzhütte** müssen Sie ohne erkennbaren Pfad zurücklegen. Dabei passieren Sie eine hervorragend erhaltene Trockensteinmauer, die die Außenmark von der Innenmark abgrenzt. Auch wenn das Dorf **Skarð** bereits vor über 100 Jahren aufgegeben wurde, befinden sich die dazugehörigen Ländereien immer noch im Besitz einiger Nachkommen und werden für die Schafzucht genutzt. Direkt unterhalb der 1972 errichteten, stets geöffneten Nothütte lag der Hafen des Ortes. Der Weg dorthin führt über große Felsen steil bergab und es ist heute kaum noch vorstellbar, dass über diese schwierige Passage nicht nur Waren transportiert, sondern bei Sturm auch Boote in Sicherheit gebracht wurden.

Von der kleinen Hütte führt ein Grasweg schräg den Hang hinauf bis zur 300 m entfernten Siedlung. Auf der Anhöhe steht eine gut sichtbare Infotafel und kurz dahinter befinden sich die verfallenen, mit Namensplaketten versehenen Grundmauern der ehemaligen Häuser sowie ein schönes ⌘ **Denkmal**, das an die tragische Geschichte der Dorfbewohner erinnert.

Das verlassene Dorf **Skarð** liegt auf einer kleinen Ebene direkt unterhalb der hohen, schroffen Berge Kunoys. Obwohl dieser Fleck wenig Sonne, einen äußerst schlechten Landungsplatz für Boote und ungünstige Voraussetzungen für die Landwirtschaft bot, war er 400 bis 500 Jahre lang besiedelt. Das Leben galt zwar als mühsam und strapaziös, die guten Schafsweiden und die üppigen Fischgründe direkt vor der Haustür ermöglichten jedoch ein bescheidenes Auskommen. Dass die letzten Einwohner diesen abgeschiedenen Fleck 1919 schließlich doch verließen, war die Folge von drei verheerenden Schiffsunglücken. 1835 ertranken alle sechs Männer des Dorfes, als ihr Boot von einer Windböe erfasst wurde und kenterte. 1872 kamen im Rahmen eines Grindwalfangs drei weitere Männer zu Tode. Als sich kurz vor Weihnachten 1913 das dritte Unglück ereignete, lebten in den fünf Häusern Skarðs insgesamt 23 Bewohner. Alle sieben erwachsenen Männer blieben nach einem Sturm auf See und ließen fünf Witwen, neun Kinder sowie zwei alte Menschen allein auf sich gestellt zurück. Da sich das Leben ohne männliche Versorger als zu schwierig erwies, musste der Ort wenige Jahre später aufgegeben werden.

Gedenkstein für die Opfer der Schiffsunglücke

Der Rückweg entspricht dem Hinweg und ist einfach zu finden. Achten Sie aber darauf, dass Sie nach 2 km steil am Hang auf das niedriger gelegene Plateau hinabsteigen.

❷ Von Klaksvík zum Áarskarð

Tour für Natur- und Panoramaliebhaber

Die kurze, aber stellenweise anspruchsvolle Wanderung führt auf einem gut erkennbaren Pfad vom Versorgungszentrum Klaksvík bis zur 429 m hohen Passhöhe Áarskard. Unterwegs erwarten Sie kurze sumpfige Passagen, mehrere Bachdurchquerungen, steinige Abschnitte sowie kleine Kletterpartien, bei denen Sie die Hände zur Hilfe nehmen sollten. Das atemberaubende Panorama mit Blick auf die Inseln Borðoy, Kunoy, Kalsoy und Eysturoy ist die Mühe zweifellos wert.

- ⇆ Start/Ziel: Busterminal in Klaksvík, Við Sandin, 700 Klaksvík, GPS N 62°13.602' W 006°35.097'
- ⊃ 8,7 km
- ⌛ 3 Std. 30 Min.
- ↑↓ 465 m/465 m
- ⇧ 0-429 m
- ✎ Holzpfähle mit gelben Reflektoren weisen den Weg. In einigen Abschnitten sind zusätzlich Steinpyramiden vorhanden.
- Der gut erkennbare Pfad führt über Gras, Steine und Felsen stetig bergan bzw. bergab. Er ist an einigen Stellen ausgesetzt und erfordert kurz vor dem Ziel eine kleine Kletterpartie.
- ✕ In Klaksvík finden Sie mehrere Restaurants und Cafés.
- Es gibt unterwegs keine Bänke oder offiziell ausgewiesenen Rastplätze.
- Aufgrund der ausgesetzten Passagen und des schwierigen Anstiegs zum Pass ist die Wanderung für Kinder unter 14 Jahren nicht zu empfehlen.
- P Am Startpunkt befindet sich ein kostenfreier Parkplatz.
- Die Linie 400 fährt regelmäßig von Tórshavn nach Klaksvík (werktags 11 Abfahrten, Sa/So 5 Abfahrten).
- ✋ Während des Schafabtriebs ist das Gebiet für Wanderer gesperrt. Bitte erkundigen Sie sich in der örtlichen Touristinformation, ob der Weg freigegeben ist.
- Auch eine Kurzwanderung bis zur ersten Steinpyramide (ca. 6 km hin und zurück) bietet lohnenswerte Ausblicke auf das wunderschöne Panorama der Nordinseln. Bei dieser einfachen Tour bleiben Ihnen die ausgesetzten Passagen und die Kletterpartie zum Pass erspart.

- Die Wanderung kann vom Áarskarð auch bis nach Norðtoftir im Nordosten der Insel Borðoy fortgesetzt werden (ca. 3,5 km zusätzlich), allerdings gibt es von dort keine Busverbindung zurück zum Ausgangspunkt in Klaksvík.
- Als Anschlusswanderung bietet sich die ☞ Tour 3 von Klaksvík zum Klakkur an.

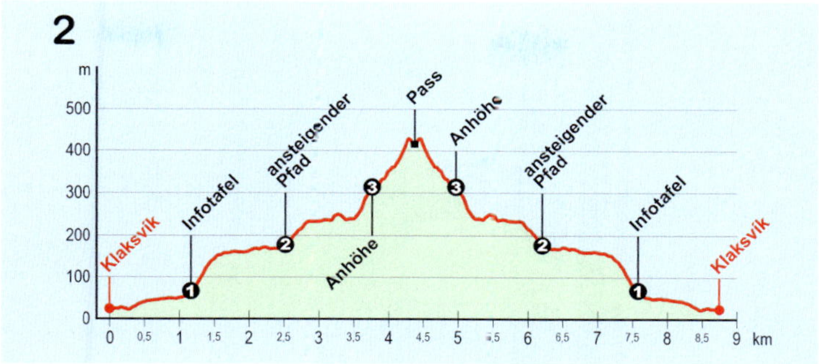

Vom Busterminal in **Klaksvík** laufen Sie 100 m bis zur Hauptstraße Biskupsstøðgøta hinauf und halten sich dann links. Sie kommen an der Touristinformation (☞ S. 14) vorbei und biegen 100 m später nach rechts in die Fjósabrekka ein. Es geht spürbar bergan bis zur Querstraße **Kjalarvegur**, der Sie ca. 500 m nach links folgen. Anschließend nehmen Sie die Helnabrekka nach rechts und biegen kurz darauf rechts in die kleine Stichstraße Undir

Blick auf Kalsoy und die markante Südspitze von Kunoy

Kráarbrekku ab. An der **Infotafel ❶** beginnt der offizielle, mit Holzpfählen markierte Wanderweg.

Er führt zunächst durch hohes, manchmal etwas feuchtes Gras bis zu einem Tor, hinter dem die Außenmark beginnt. Der gut erkennbare Pfad steigt den Wiesenhang etwa 100 m steil bergan bis zu einer kleinen Felskante, die es zu erklimmen gilt.

Wenn Sie kurz darauf den Fluss **Ravnagil** durchquert haben, können Sie für eine Weile aufatmen. Der Weg passiert zwar einige sumpfige Stellen und kleine Wasserläufe, verläuft ansonsten aber bequem und ohne nennenswerte Steigung oberhalb des Fjordes entlang Richtung Norden durch ein Gebiet namens **Myrkjanoyrarhagi**.

Dabei bieten sich herrliche Ausblicke auf die Stadt Klaksvík, die markante Südspitze der Insel Kunoy, die hohen Berge und malerischen Dörfer der Insel Kalsoy sowie die Silhouette der Nordostspitze Eysturoys. Ganz in der Nähe soll der färöische Nationalheld Nólsoyar Páll um 1807 eine Aussichtsplattform geschaffen haben, um nach feindlichen Schiffen Ausschau halten zu können. Damals erschütterten die Napoleonischen Kriege ganz Europa.

Poul Poulsen Nolsøe (1766-1809) trug den Spitznamen **Nólsoyar Páll** und machte sich auf den Färöern als Seemann, Händler und Dichter einen Namen. 1804 baute er das erste hochseetaugliche färöische Schiff seit dem Mittelalter und nannte es „Royndin Fríða" („Der schöne Versuch").

Als er fünf Jahre später während einer Hungersnot britisches Getreide beschaffen wollte, blieb er mit seinem selbst gebauten Schoner auf See verschollen. Als Dichter kam Páll insbesondere durch seine „Vogelballade" zu Ruhm, in der er sich auf satirische und symbolische Weise gegen den dänischen Monopolhandel auflehnte.

Gut 1 km später steigt der Pfad erneut deutlich an ❷ und passiert nun mehrere ausgesetzte, steinige Stellen sowie zwei Erdschluchten. Bald darauf kommt die erste von insgesamt drei Steinpyramiden in Sicht, die hier zusätzlich zu den Pfählen als Orientierungspunkte dienen. Tief unten am Sund liegt der moderne Hafen von Ánirnar, dessen lärmintensives, geschäftiges Treiben die Stille durchbricht. Das Terrain ist auf den nächsten 300 m sehr steinig und erfordert eine hohe Aufmerksamkeit.

Behalten Sie stets den Weg im Auge, damit Sie auf dem losen Geröll nicht ausrutschen, und genießen Sie die wunderbare Aussicht nur im Stand und nicht während des Gehens!

Im weiteren Verlauf sind zwei breite, aber flache Flussarme des **Illagil** zu durchqueren, bevor sich der Pfad an der nächsten Steinpyramide leicht ins Landesinnere wendet und nach 200 m eine Anhöhe mit einem pittoresken Wochenendhaus ❸ erreicht. Sie wandern geradeaus an dem olivgrünen Haus vorbei und klettern über einen Felsen, über den auch ein kleiner Bach fließt. Die Route führt nun auf die kleine Schlucht **Ánagjógv** zu und durchquert dabei ein besonders feuchtes und sumpfiges Gebiet. Sie macht eine kleine Schleife nach rechts und hält dann direkt auf die markanten Felszinnen des Passes **Áarskarð** zu, der jetzt noch etwa 250 m entfernt ist. Pfähle und Steinpyramiden weisen den einfachsten Weg durch die Gesteinswüste hinauf.

Die Passhöhe ist mit einer gewaltigen Steinpyramide markiert und bietet einen atemberaubenden Ausblick auf die Inseln Borðoy, Kunoy, Kalsoy und Eysturoy. Sie sollten es sich auf keinen Fall entgehen lassen, noch 100 m Richtung Nordosten weiterzulaufen, um auch die Sicht auf die Bucht **Árnarfjarðarvík** und den kleinen Weiler Árnafjørður zu genießen.

Wochenendhaus in idyllischer Lage oberhalb des Fjords

Im nördlich vom Pass gelegenen Tal befand sich in der Nähe des Flusses Stórá früher das regionale ⌘ **Thing Katlarnir**. An dieser Stätte versammelten sich vermutlich seit 1670 oder 1680 in jedem Frühjahr die Männer der Nordinseln, um Streitigkeiten zu schlichten, Gerichtsverhandlungen zu führen und Urteile zu fällen.

Der Rückweg entspricht dem Hinweg und ist einfach zu finden. Achten Sie aber darauf, dass Sie auf den letzten 250 m bis zur Fahrstraße den richtigen Abstieg wählen. Dazu wenden Sie sich nach der Durchquerung des Flusses **Ravnagil** nach rechts, laufen entlang der Pfähle den Hang steil bergab, klettern über einen kleinen Felsvorsprung und halten dann direkt auf das Tor zur Innenmark zu.

❸ Von Klaksvík auf den Klakkur

Tour für kleine und große Gipfelstürmer

Diese Tour gehört zu den beliebtesten Wanderungen auf den Färöern und bietet einen tollen Panoramablick über die schroffen Nordinseln und den Osten der Insel Eysturoy. Die 413 Höhenmeter vom Stadtzentrum von Klaksvík bis zum Gipfel des Klakkur mit seinem markanten Sendemast werden zunächst auf einer bequemen Fahrstraße und dann auf einem teilweisen steilen, aber gut zu gehenden Pfad überwunden.

⇆ Start/Ziel: Parkplatz unterhalb der Christianskirche, Klaksvíksvegur, 700 Klaksvík, GPS N 62°13.550' W 006°35.198'

10,2 km

3 Std. 15 Min.

↑ ↓ 448 m/448 m

⇧ 0-413 m

Der Weg ist bis auf wenige Steinpyramiden im letzten Abschnitt nicht markiert, aber einfach zu finden.

Die Tour führt zunächst über Asphalt und Schotter bis zum Parkplatz Hálsur, die letzten 1,2 km bis zum Klakkur werden dann auf einem gut erkennbaren Pfad zurückgelegt.

In Klaksvík finden Sie mehrere Restaurants und Cafés.

Es gibt unterwegs einige Bänke.

Die Wanderung ist für Kinder im Grundschulalter problemlos zu bewältigen.

P Am Startpunkt befindet sich ein kostenfreier Parkplatz.

Die Linie 400 verkehrt regelmäßig zwischen Tórshavn und Klaksvík (werktags 11 Abfahrten, Sa/So 5 Abfahrten). Das Busterminal liegt ca. 200 m nördlich vom Startpunkt.

Wenn Sie bis zum Parkplatz hinter dem Hubschrauberlandeplatz oder bis zum Hálsur mit dem Auto fahren, verkürzt sich die Wanderung auf 6,2 bzw. 2,5 km. Dies kann insbesondere mit kleinen Kindern eine gute Alternative sein.

Als Anschlusswanderung bietet sich ☞ Tour 2 von Klaksvík zum Áarskarð an.

Wenn Sie vom **P** Parkplatz in **Klaksvík** nach Norden schauen, können Sie das Ziel dieser Wanderung bereits gut erkennen: den 413 m hohen Berg Klakkur mit einem markanten Sendemast. Sie laufen zunächst ca. 100 m Richtung Osten bis zum großen Kreisverkehr, halten sich dort rechts und biegen gleich

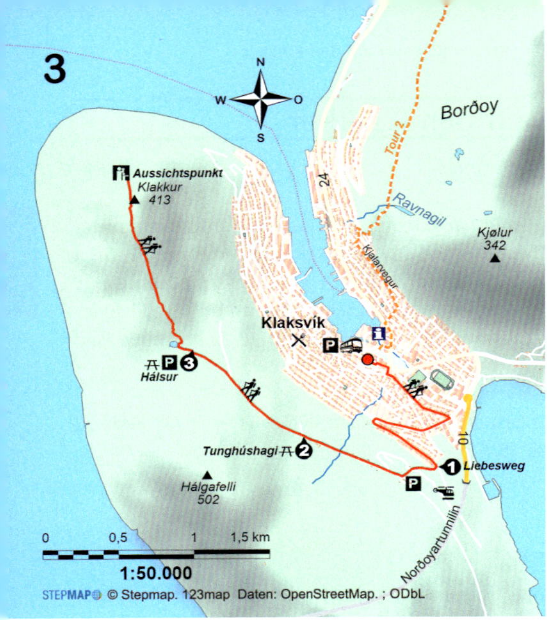

danach links in die Straße Vágstún ein, die im weiteren Verlauf auch Uppsalagøta und Nýggivegur heißt. Nach 500 m erreichen Sie eine T-Kreuzung, an der Sie sich nach rechts wenden und der Straße Oman Eið (später Undir Fóssum) 500 m bis zu einem Kreisel folgen, an dem es links auf den Weg **Niðan Horn** geht. 600 m später beginnt an einer Rechtskurve die holprige, 2 km lange Fahrstraße Richtung Hálsur ❶, die im Volksmund den Spitznamen „Liebesweg" (Ástabreytin) trägt. Kurz dahinter befindet sich an einigen Gebäuden ein kleiner **P** Parkplatz, bis zu dem Sie gegebenenfalls mit dem Auto fahren können, um die Tour abzukürzen.

Nun geht es stets bergan, manchmal mäßig, manchmal recht steil, immer jedoch mit einem fantastischen Blick auf den Ort Klaksvík, die Bucht Vágur und

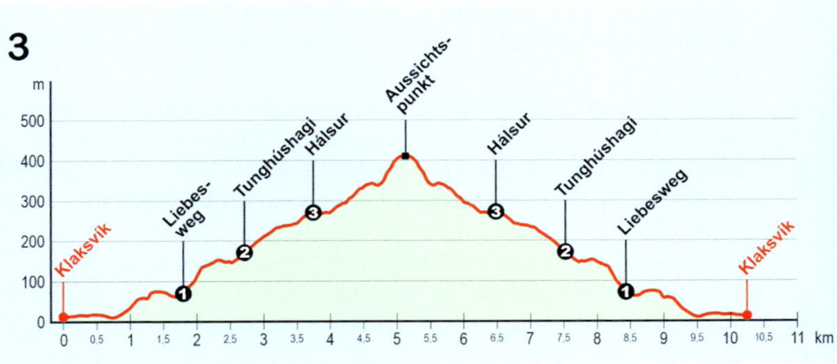

Blick vom Gipfel des Klakkur auf die Insel Kalsoy

die Südspitze der Insel Kunoy. Der Weg verläuft immer geradeaus, passiert mehrere Wochenendhäuser und kommt nach 900 m bei **Tunghúshagi** zu einer 🛋 Bank ❷.

1 km später erreichen Sie den 🅿 Parkplatz am **Hálsur** mit einer weiteren 🛋 Bank ❸, an dem die Fahrstraße endgültig endet.

Sie passieren zwei Gatter und gelangen kurz darauf zu einem kleinen Stausee. Hier beginnt der gut sichtbare Pfad zum Gipfel des Klakkur, der zunächst angenehm geschottert und mit einigen hölzernen Treppenstufen versehen ist. In diesem Gebiet brüten zahlreiche Vögel, darunter Austernfischer, Schnepfen und Goldregenpfeifer. Sie kommen nach 400 m zur ersten Steinpyramide und folgen dem nun erdigen Pfad weiter bergauf, wobei einige Erdstufen den steilen Anstieg erleichtern.

Mit zunehmender Höhe öffnet sich das Panorama gen Westen und gibt den Blick auf die Insel Eysturoy und die Ortschaft Leirvík frei.

Auf dem Gipfel des **Klakkur** angekommen, können Sie am Sendemast vorbei bis zu einem Fernglas laufen und dort den schönen Ausblick über Eysturoy, Kalsoy, Kunoy und Borðoy genießen.

Im Nordosten der Färöer liegt die aus den sechs Inseln Borðoy, Viðoy, Kunoy, Kalsoy, Svínoy und Fugloy bestehende Gruppe der **Nordinseln** mit einer Gesamtfläche von 241 km^2 und ca. 6.200 Einwohnern. Davon leben 83 % im Hauptort Klaksvík, der das wichtigste Versorgungszentrum bildet und über eine gute touristische Infrastruktur verfügt. Zu den wichtigsten Sehenswürdigkeiten der Stadt gehören neben dem pittoresken ⚓ Hafen die moderne ✞ Christianskirche und das kleine kulturhistorische ⌘ Museum Leikalund.

Die moderne Christianskirche in Klaksvík

Der Rückweg entspricht dem Hinweg. Wenn Sie wieder ins Stadtgebiet kommen, biegen Sie am ersten Kreisel rechts in die Straße Undir Fossum ein und nehmen 500 m später den Nýggivegur nach links. Dann geht es immer geradeaus bis zum Zentrum und zum P Parkplatz unterhalb der ✞ Christianskirche.

Eysturoy

Oyndarfjørður, Tour 5,
Foto: Birita Lamhauge Jóansdóttir

❹ Auf den Gipfel des Slættaratindur

Tour für Fans von Superlativen

Diese auf den ersten Blick sehr kurz erscheinende Wanderung hat es in sich – denn bei der Besteigung des höchsten Berges der Färöer müssen Sie auf einer Strecke von knapp 2 km 490 Höhenmeter überwinden. Nach einem steilen Anstieg und einer kleinen Kletterpartie bis zum Gipfelplateau erwartet Sie ein einzigartiger Rundblick über die Färöer.

- ⇆ Start/Ziel: Parkplatz auf dem Pass Eiðisskarð, GPS N 62°17.140' W 007°00.402'
- ➲ 3,7 km
- ⌛ 2 Std.
- ↑↓ 488 m/488 m
- ⇧ 392-880 m
- ✎ Der Weg ist bis auf einige sporadisch vorhandene Steinpyramiden nicht markiert.
- Nach einem sehr steilen Anstieg über den Grashang des Slættaratindur führt ein mäßig ansteigender Pfad bis dicht an den Gipfel heran. Um das Plateau zu erklimmen, müssen Sie die Hände zur Hilfe nehmen.
- ✕ Es sind keine Einkehrmöglichkeiten vorhanden.
- Die einzige Bank befindet sich auf dem Gipfelplateau des Slættaratindur (km 1,8).
- Aufgrund des steilen Anstiegs ist die Wanderung für Kinder unter 12 Jahren nicht zu empfehlen.
- P Am Startpunkt befindet sich ein kostenfreier Parkplatz.
- Die Linie 201 von Oyrarbakki Richtung Gjógv fährt von Mitte Juni bis Mitte August über Eiði und kommt am Eiðisskarð vorbei (werktags 4 Abfahrten, samstags 2 Abfahrten). Oyrarbakki erreichen Sie von Tórshavn kommend mit der Linie 400.

Vom **P** Parkplatz am **Eiðisskarð** gelangen Sie mithilfe einer Zauntreppe in die Außenmark und wandern den Grashang des 880 m hohen Slættaratindur schnurgerade hinauf. Es gibt für diesen steilen Anstieg keinen offiziellen Pfad, die zertretene Erde zeigt aber sehr deutlich, wo die Gipfelstürmer entlanglaufen. Nach 700 m macht die Trittspur eine Rechtskurve, passiert eine **Steinpyramide ❶** und wendet sich gleich darauf nach links. Nun können Sie aufatmen, denn die nächsten 800 m legen Sie bequem auf einem gut erkennbaren, nur mäßig ansteigenden Trampelpfad zurück.

Der Blick öffnet sich auf den See **Eiðisvatn** im Tal und auf die kleine Ortschaft Haldórsvík auf der gegenüberliegenden Seite des Sunds. 200 m hinter einer felsigen Stelle heißt es ✋ aufgepasst: Hier dürfen Sie nicht geradeaus weiterlaufen, sondern müssen sich nach rechts orientieren und ein kleines Felsplateau ❷ erklimmen.

☺ Diese Stelle ist auch auf dem Rückweg nicht leicht zu finden. Gegebenenfalls können Sie auf dem Hinweg an der Aufstiegsstelle einen gut erkennbaren Gegenstand (Schal, Pullover, Jacke) als Wegmarkierung positionieren.

Schon von hier haben Sie einen beeindruckenden Blick auf die beiden im Meer stehenden Felsen ❀ **Rísin und Kellingin**, um die sich eine uralte Sage rankt.

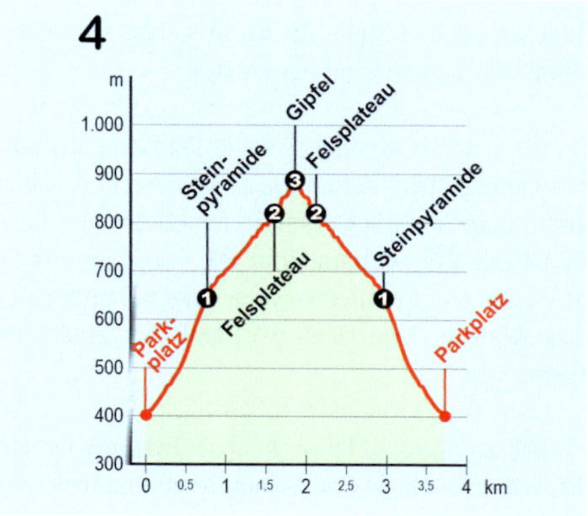

Zwei große, schwerfällige Trolle namens **Riese** (Rísin) und **Trollweib** (Kellingin) hatten sich einst vorgenommen, die schutzlos und einsam im Meer liegenden Färöer durch den Nordatlantik bis nach Island zu ziehen. Da Trolle kein Tageslicht vertragen und beim ersten Sonnenstrahl versteinern, mussten sie diese kräftezehrende Arbeit nachts verrichten. Doch es kam, wie es kommen musste: Vor lauter

Gipfelblick auf Eiði und die im Meer stehenden Felsen Rísin und Kellingin

Anstrengung vergaßen die beiden Wesen die Zeit und verwandelten sich bei Tagesanbruch in Stein. Bis heute stehen sie im Nordwesten der Färöer, den Blick sehnsüchtig gen Island gerichtet.

50 m später wendet sich der Pfad erneut nach rechts und führt ein Stück um das Gipfelplateau herum, da es sich von der östlichen Seite am besten bezwingen lässt. Einige natürliche Steinstufen erleichtern die letzten Meter bis zum höchsten Punkt des **Slættaratindur ❸**, von dem aus Sie weit über die beiden Inseln Streymoy und Eysturoy sowie auf die tief unten im Tal gelegene Ortschaft **Eiði** blicken können. Eine kleine Bank lädt zu einem Picknick auf dem „Dach der Färöer" ein.

Die zweitgrößte färöische Insel **Eysturoy** hat eine Fläche von 286 km^2 und ca. 11.500 Einwohner. Die hohen Berge und malerischen Dörfer im Nordwesten bilden einen scharfen Kontrast zum breiten, dicht besiedelten Skálafjørður im Südosten. Dieser Gegensatz macht den besonderen landschaftlichen Reiz der Insel aus.

Der Abstieg entspricht dem Aufstieg, wobei es ohne GPS etwas verzwickt sein kann, den Weg vom Felsplateau hinab zum Trampelpfad zu finden.

5 Von Oyndarfjørður nach Elduvík

Tour für Liebhaber von Steilküsten und imposanten Schluchten

Auf dieser Wanderung ist nur ein geringer Höhenunterschied zu überwinden, da der Weg von Oyndarfjørður sehr gemächlich bis zur Hochebene hinaufsteigt. Die Herausforderung liegt stattdessen in einem schmalen Graspfad, der sich anschließend dicht an der Steilküste entlangschlängelt und stellenweise ausgesetzt ist. Menschen mit Höhenangst kommen hier eventuell an ihre Grenzen. Umso faszinierender ist es zu beobachten, wie leichtfüßig die Schafe den steil abfallenden Hang hinab- und hinaufspringen. Die schroffe Nordwestküste der Insel Kalsoy bietet eine perfekte Hintergrundkulisse für dieses großartige Schauspiel.

- Start/Ziel: Parkplatz am ehemaligen Laden, Ovari Vegur, 690 Oyndarfjørður, GPS N 62°16.579' W 006°51.299'
- 9,5 km
- 3 Std.
- 365 m/365 m
- 4-153 m
- Der Weg ist mit roten Pfählen und Steinpyramiden durchgehend markiert.
- Von Oyndarfjørður führt der alte Verbindungsweg zunächst bequem über die Hochebene bis zur Küste östlich von Elduvík. Im weiteren Verlauf gibt es einige stark ausgesetzte Stellen, die inzwischen jedoch mit Geländern gesichert sind.
- In Elduvík gibt es mit Heimablídni (Undir Reyni 6, km 4,1 und 5,4) ein kleines Privatcafé, das jedoch nur auf Anfrage öffnet, ☏ +298/21 48 15.
- Eine schöne Bank befindet sich in Elduvík nahe der Schlucht (km 4,6 bzw. 4,9).
- Der Pfad ist stellenweise ausgesetzt, kann mit Vorsicht aber auch von Kindern ab ca. 10 Jahren gegangen werden.
- Am Startpunkt gibt es einen kostenfreien Parkplatz.
- Die Linie 481 fährt werktags 3x täglich von Skálafjørður nach Oyndarfjørður, die Bushaltestelle liegt direkt am Startpunkt. Skálafjørður erreichen Sie von Tórshavn kommend mit der Linie 400.
- Der Einstieg in die Tour in Oyndarfjørður befand sich früher an einer anderen Stelle und wird in älteren Büchern und Broschüren deshalb falsch beschrieben!
- Wenn Sie von Elduvík nicht wieder zurücklaufen möchten, müssen Sie mit dem Taxi zum Ausgangspunkt zurückkehren, z. B. Eysturoyar Taxa, +298/71 71 71.

↳ Diese Wanderung bietet sich als Anschlusswanderung zu ☞ Tour 6 (Fuglafjørður – Hellurnar) an, allerdings müssen Sie von Hellurnar bis Oyndarfjørður ca. 3 km auf der Landstraße zurücklegen.

Vom P 🚌 Parkplatz in **Oyndarfjørður** folgen Sie der Hauptstraße Ovari Vegur 150 m Richtung Norden bis zum Fluss, biegen gleich hinter der Brücke halb links in den Weg Norðuri í Bø ein und nehmen 100 m später die kleine Straße **Uppi á Leiti** nach links. Hinter dem letzten blauen Haus mit rotem Dach befindet sich ein Tor, das Sie in die Außenmark bringt. Der Weg führt geradeaus den Hang hinauf und trifft links von einer braunen Hütte auf eine Trockensteinmauer. Hier halten Sie sich links und passieren innerhalb von kürzester Zeit drei weitere Tore, bis Sie nach 500 m die erste **Steinpyramide** ❶ und kurz darauf den höchsten Punkt der Tour erreichen. Von hier haben Sie einen schönen Blick zurück auf die kleine Siedlung Oyndarfjørður (ca. 150 Einwohner) und den gleichnamigen Fjord.

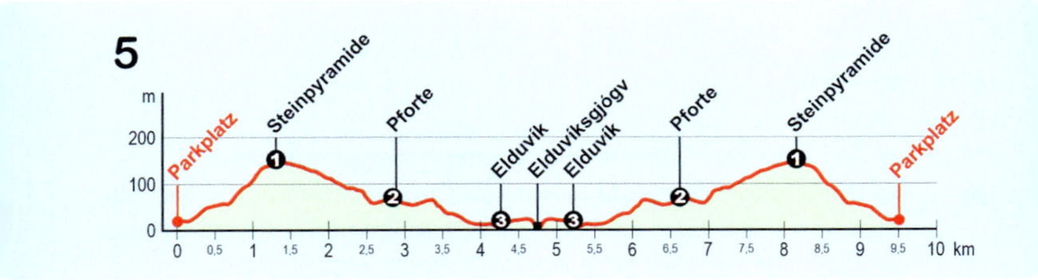

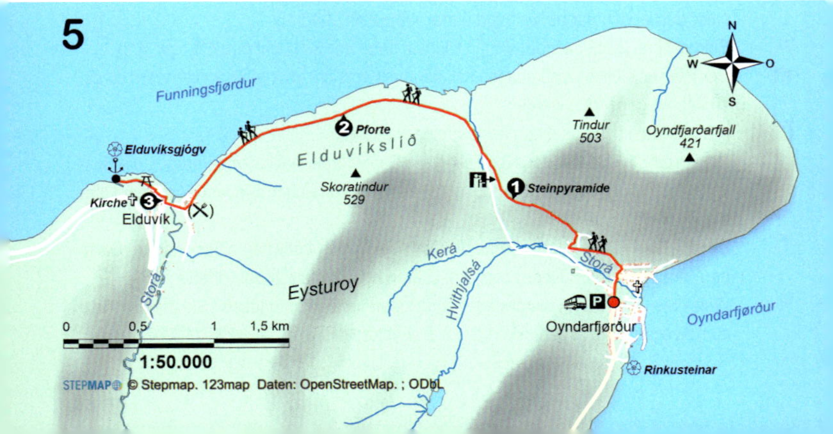

Direkt am Ortseingang liegen im Wasser zwei große Felsbrocken, die sich im seichten Wasser sanft hin und her bewegen und als ✿ **Rinkusteinar** (= Wackelsteine) bezeichnet werden. Laut Sage handelt es sich um zwei Piratenboote, die während ihres Raubzugs von einer Hexe versteinert wurden und seitdem im Fjord gestrandet sind. Sehenswert ist in Oyndarfjørður außerdem die in typisch färöischer Holzbauweise errichtete ✞ Kirche von 1838 mit einem Altarbild des bedeutenden dänischen Malers C.W. Eckersberg.

Der gut sichtbare, mit roten Holzpfählen markierte Trampelpfad passiert eine Zauntreppe und verläuft dann an weiteren Steinpyramiden entlang bequem über die Hochebene. Dabei müssen zwei flache Bachläufe und einige feuchte Stellen überwunden werden.

Geradeaus öffnet sich der Blick auf den Fjord Funningsfjørður und den 601 m hohen Middagsfjall, während rechts die schroffe Nordwestküste von Kalsoy in Sicht kommt. Fast senkrecht fällt der 788 m hohe Berg Nestindar ins Meer. Nach 700 m wendet sich der Weg nach links und führt um den Berg Skoratindur herum.

Dieses Gebiet heißt **Elduvíkslíð** und zeichnet sich durch einen steil abfallenden Grashang und einige ausgesetzte Stellen aus. Hier können Sie nicht nur am Abgrund weidende Schafe, sondern auch zahlreiche Austernfischer beobachten. Sie wandern zunächst mäßig und nach 350 m ein kurzes Stück steil bergab, durchqueren einen Bachlauf und erreichen eine kleine **Pforte ❷**, der 400 m später eine weitere Pforte folgt.

Ein leichtfüßiges Schaf am Hang

Während der Pfad einen feuchten Abschnitt durchquert, kommt an der gegenüberliegenden Fjordseite das kleine Dorf Funningur in Sicht. Drei am Felsen angebrachte Geländer geben Ihnen an besonders rutschigen Stellen Halt. Nun öffnet sich der Blick auch auf die malerische Ortschaft **Elduvík**, die sich idyllisch an den Hang schmiegt und von grünen Weiden umgeben ist. Auf dem Weg dorthin passieren Sie im Abstand von 200 m zwei weitere Pforten und erreichen kurz darauf eine matschige Fahrspur, die am Friedhof endet. Von dort folgen Sie der Asphaltstraße Undir Reyni (später Áarvegur) 300 m bequem bis zur ✞ **Kirche ❸**.

Elduvík schmiegt sich idyllisch an den Hang

Historischen Dokumenten zufolge war **Elduvík** spätestens zwischen 1350 und 1400 besiedelt. Mit seinen schmalen Gassen und grasbewachsenen Dächern hat sich das nur noch 16 Einwohner zählende Dorf viel von seinem ursprünglichen Charme bewahrt. Es bekam erst 1951 eine eigene Kirche und einen Friedhof. Bis dahin mussten die Bewohner zu Fuß zum Gottesdienst nach Oyndarfjørður laufen und ihre Toten über den schmalen Pfad ins Nachbardorf balancieren, um sie dort in geweihter Erde zu bestatten. Die neugeborenen Kinder band man sich in einem Tuch vor die Brust und trug sie zur Taufe ebenfalls nach Oyndarfjørður.

Nachdem Sie den urigen Ort mit seinen engen Gassen und alten Häusern erkundet haben, sollten Sie auch dem ⚓ Hafen mit seiner imposanten, natürlichen Schlucht ❀ **Elduvíksgjógv** einen Besuch abstatten. Dazu folgen Sie dem grasbewachsenen Schotterweg am Ortsende 200 m Richtung Westen, passieren eine schöne ⩩ Bank und steigen dann die Treppe hinab zum Hafenbecken. Von hier aus können Sie die senkrecht abfallenden Felswände der Schlucht sehr gut sehen. Der Rückweg entspricht dem Hinweg und ist einfach zu finden. Wenn Sie oberhalb von **Oyndarfjørður** angekommen sind, halten Sie sich an der letzten Steinpyramide ❶ weiter geradeaus, passieren in kurzen Abständen drei Tore und laufen 50 m später rechts den Hang hinab auf ein blaues Haus mit rotem Dach zu. Dort gelangen Sie durch ein weiteres Tor auf die Fahrstraße Richtung Ortskern.

6 Von Fuglafjørður nach Hellurnar

Tour für Freunde von malerischen Aussichten und grünen Hängen

Diese kurze und über weite Strecken einfache Wanderung führt zunächst von Fuglafjørður auf den 353 m hohen Pass Fuglafjarðarskarð hinauf. Nach dem mäßigen Anstieg geht es 1,4 km bequem über die Hochebene, bevor kurz vor dem Ziel ein 200 m langer, steiler und anspruchsvoller Abstieg bewältigt werden muss. Fans von Panoramaaussichten sollten sich bei gutem Wetter einen Abstecher zum 483 m hoch gelegenen „Altar" nicht entgehen lassen.

- Start/Ziel: Touristinformation in Fuglafjørður, í Støð 1, 530 Fuglafjørður, GPS N 62°14.548' W 006°48.852'
- 7 km
- 3 Std.
- 713 m/713 m
- 2-353 m
- Der Weg ist mit gelben Pfählen, gelben Farbpunkten auf Steinen und Steinpyramiden gut markiert, die Orientierung ist einfach.
- Von Fuglafjørður geht es am Fluss Skarðsá und an Steinpyramiden entlang den Grashang mäßig bergauf bis zur Passhöhe. Dabei ist nicht immer ein Weg erkennbar. Der Abstieg nach Hellurnar ist deutlich steiler, auf dem vorgegebenen Pfad aber gut zu bewältigen.
- Einkehrmöglichkeiten finden Sie nur in Fuglafjørður, z. B. das bei gutem Wetter im Sommer geöffnete Open-Air-Café Hjallurin im Park oder die Restaurants Ribarhus (Í Støð 14) und Muntra (Karvatoftir).
- Es gibt unterwegs keine Bänke oder Rastplätze.
- Der steile Abstieg nach Hellurnar erfordert Trittsicherheit. Die Wanderung ist deshalb erst für Kinder ab 10 Jahren zu empfehlen.
- Am Startpunkt gibt es einen kostenfreien Parkplatz.
- Die Linie 410 verkehrt regelmäßig zwischen Klaksvík und Fuglafjørður. Aus Tórshavn kommend müssen Sie an der Tankstelle Gøtudalur von der Linie 400 in die Linie 410 umsteigen.
- Bei klarem Wetter bietet sich von der Passhöhe ein Abstecher zum 483 m hohen, als „Altar" bezeichneten Gipfel des Rustarkambur an (ca. 20-30 Min. pro Weg).
- Wenn Sie von Hellurnar nicht wieder zurücklaufen möchten, können Sie die Buslinie 481 (2-4x täglich, nur an Werktagen) nehmen. Bitte beachten Sie, dass Sie den Bus

rechtzeitig bestellen müssen (📱 +298/78 02 80) und dass er nicht nach Fuglafjørður, sondern Richtung Skálafjørður fährt. Von dort besteht Anschluss mit Linie 400 nach Klaksvík oder Tórshavn. Wer mit dem Bus zurückkehren möchte, sollte deshalb auch für die Anreise nach Fuglafjørður die öffentlichen Verkehrsmittel nutzen.

Als Anschlusswanderung bietet sich Tour 5 (Oyndarfjørður – Elduvík) an, allerdings müssen Sie von Hellurnar bis Oyndarfjørður zunächst ca. 3 km auf der Landstraße zurücklegen.

Mit dem Hafen von **Fuglafjørður** im Rücken laufen Sie rechts von der Touristinformation (S. 14) durch eine kleine Parkanlage hinauf Richtung Kirche und anschließend um die Kirche herum bis zum Friedhof. Es geht weiter geradeaus über den Friedhof, dann rechts auf den Mirmansvegur und gleich anschließend links auf die kleine Straße Kelkurin. Nun sehen Sie linker Hand einen Kindergarten und rechter Hand das Stadion. Am oberen Ende des **Stadions** biegen Sie rechts in die Straße Flotugerdi und wenige Meter später links in den kleinen Weg Skarðrás ein. Wenn der Asphalt endet, können Sie am Hang schon zwei Tore sehen, die Sie im Laufe der nächsten 250 m passieren müssen.

Steinpyramide mit gelber Wegmarkierung

Hinter dem zweiten Tor beginnt ein guter erkennbarer Pfad, der zur ersten Steinpyramide ❶ hinaufführt. Nun geht es links vom Fluss Skarðsá am Hang **Rossaryggur** entlang mäßig bergauf. In dieser Gegend versteckten sich die Menschen früher vor Piraten.

Im weiteren Verlauf gibt es einige steinige Abschnitte ohne erkennbaren Pfad, zahlreiche Steinmänner weisen jedoch den Weg hinauf zum Pass **Fuglafjarðarskarð** ❷, den Sie nach 800 m erreichen. Auf der Passhöhe stehen zwei gewaltige Steinpyramiden und es war früher Brauch, drei Steine in ihre Richtung zu werfen und dabei „Im Namen des Vaters, des Sohnes und des Heiligen Geistes" zu rufen, um einen guten Verlauf der Wanderung zu erbitten. Denn nicht jedem war in dieser Gegend Glück beschieden. So erzählt die Sage z. B. von zwei Bauern aus Fuglafjørður und Hellurnar, die um ein Stück Land so heftig in Streit gerieten, dass der eine von ihnen dabei ums Leben kam. Er hieß Gullbrandur und soll kurz hinter dem Pass an einem Ort namens **Gullbrandsleiði** bestattet worden sein.

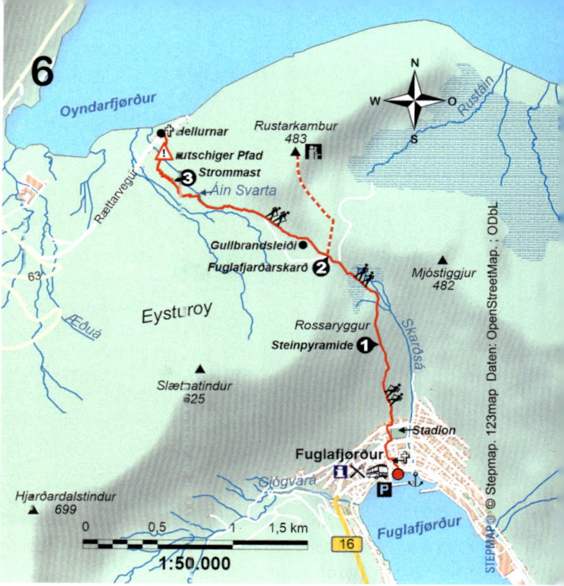

↳ Bei klarer Sicht können Sie einen Abstecher zum ca. 1 km nördlich gelegenen Gipfel des **Rustarkambur** machen, der im Volksmund als „Altar" bezeichnet wird und einen tollen Rundblick auf einige der Nordinseln und das Meer bietet.

Der alte Verbindungweg nach Hellurnar führt über eine Zauntreppe und dann leicht nach rechts zu einer gut sichtbaren Steinpyramide auf einem Absatz. Nach einem kurzen, steilen Abstieg geht es auf einem deutlich erkennbaren Pfad über

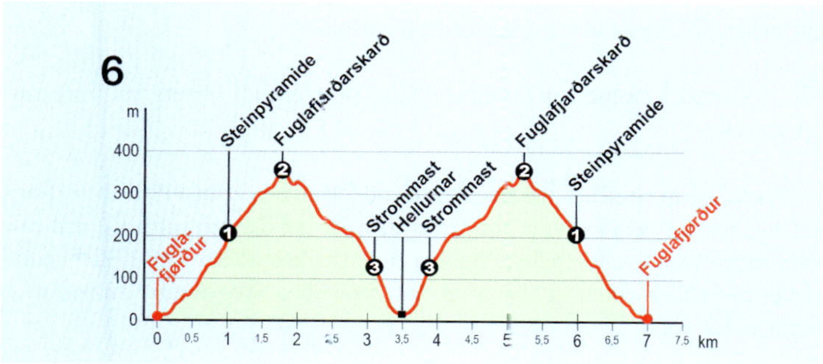

Kurz vor Hellurnar führt der Weg durch eine Pforte,
Foto: Birita Lamhauge Jóansdóttir

Felsen, Steine und Gras am Hang entlang, wobei auch Steinmänner in regelmäßigen Abständen den Weg weisen. Wenn Sie etwas später die Hochebene überqueren, müssen Sie mit feuchten und sumpfigen Stellen rechnen.

1 km hinter dem Pass öffnet sich der Blick auf den Fjord Oyndarfjørður und den gleichnamigen Ort. Sie überqueren den kleinen Bach **Áin Svarta**, wandern mäßig bergab bis zu einem alten **Strommast ❸** und lassen sich dabei von Steinpyramiden und Felsen mit gelben Farbpunkten leiten.

Nun können Sie schon das winzige Dorf **Hellurnar** im Tal liegen sehen, zu dem ein steiler, in Serpentinen angelegter Pfad hinabführt.

Der stellenweise aus Felsen und Geröll bestehende Untergrund kann rutschig sein.

Nach 200 m erreichen Sie eine Pforte und folgen den gelben Pfählen am Hang entlang bis zu einem weiteren Tor, hinter dem Sie auf die Asphaltstraße und eine informative Wandertafel treffen. Von der ✝ Kirche aus ist das kleine Straßendorf Hellurnar schnell erkundet, bevor es auf demselben Weg wieder zurück nach Fuglafjørður geht.

7 Von Oyrarbakki über Skálabotnur nach Selatrað

Tour für geübte Bergwanderer

Diese anstrengende und anspruchsvolle Wanderung im Südwesten Eysturoys besteht aus den beiden Teilstrecken Oyrarbakki – Skálabotnur und Skálabotnur – Selatrað. Insgesamt müssen Sie fast 1.000 Höhenmeter überwinden und dabei die Steilhänge beinahe senkrecht hinauf- und hinabsteigen. Rutschige Stellen sowie unebenes und feuchtes Terrain stellen eine zusätzliche Herausforderung dar. Doch der großartige Panoramablick über die Inseln Streymoy, Eysturoy, Borðoy und Kalsoy macht die Strapazen wieder wett.

➔ Start: Bushaltestelle Oyrarbakki, GPS N 62°12.375' W 006°59.937';
Ziel: Bushaltestelle Selatrað, GPS N 62°09.415' W 006°52.451'

16,5 km

8 Std.

↑ ↓ 974 m/982 m

⇧ 2-537 m

Der Weg ist mit Steinpyramiden und im Abschnitt Oyri – Skálabotnur auch mit Holzpfählen markiert, die Orientierung erweist sich aber trotzdem als nicht immer einfach. Zwischen Oyri und Skálabotnur sind die Markierungen durchnummeriert, allerdings von Skálabotnur beginnend und somit in „falscher" Reihenfolge.

Ein deutlich erkennbarer Pfad ist bei dieser Wanderung die Ausnahme. Die meiste Zeit geht es an den Markierungen entlang über Gras, Sumpf und Gestein quer durchs Gelände. Dabei müssen immer wieder Wasserläufe, Zäune und felsige Abschnitte überwunden werden.

In Skálabotnur befindet sich eine Tankstelle mit Imbiss (500 m ab km 8,3).

Es gibt unterwegs keine Bänke oder Rastplätze.

Aufgrund der Länge und der steilen An- und Abstiege ist die Tour für Kinder nicht geeignet.

P Am Startpunkt können Sie Ihr Auto kostenlos abstellen.

Die Linie 400 verkehrt werktags regelmäßig zwischen Tórshavn bzw. Klaksvík und Oyrarbakki. Der einzige Bus von Selatrað (Linie 440) Richtung Skálafjørður mit Anschluss zum Ausgangspunkt in Oyrarbakki oder alternativ nach Tórshavn/Klaksvík (Linie 400) fährt Mo-Sa um 15:30 und muss vorbestellt werden (+298/78 02 80).

Falls Sie ihn verpassen, können Sie bei Eysturoyar Taxa (+298/71 71 71) ein Taxi bestellen.

Der Ort Skálabotnur wird manchmal auch als Skálafjørður bezeichnet, lassen Sie sich von diesen unterschiedlichen Namen nicht verwirren!

Sie können diese lange und anspruchsvolle Tour abkürzen, indem Sie nur einen der beiden Teilabschnitte Oyrarbakki – Skálabotnur oder Skálabotnur – Selatrað in Angriff nehmen.

Von der Bushaltestelle in **Oyrarbakki** laufen Sie die Asphaltstraße Oyrarvegur 2 km am Fjord entlang bis zur Ortschaft **Oyri**. Direkt hinter der Brücke ❶ biegen Sie halb links auf die Straße Út á Bakka und gleich darauf links auf die Tungugøta ab. Innen- und Außenmark sind fast durchgehend durch einen unüberwindbaren Stacheldraht voneinander getrennt. Um trotzdem in die Außenmark zu gelangen, müssen Sie genau dort über den Zaun klettern, wo er bis dicht an den Feldweg heranführt. Denn nur hier gibt es einen kleinen Abschnitt ohne Stacheldraht. Anschließend geht es den Hang schräg nach links bergauf, bis 250 m später auf einer Felsstufe der Fluss **Hestatroðsá** gequert wird. Nach einer weiteren Bachdurchquerung wandern Sie in der Nähe dieses Bachlaufs halb rechts den Hang hinauf. Dabei ist es wichtig, dass Sie genau auf das gut sichtbare Plateau zuhalten und nicht in Versuchung geraten, in die weiter links gelegene Schlucht Oyrargjógv hineinzulaufen.

Am Plateaurand steht die erste von mehreren Steinpyramiden, die den zunächst mäßigen und dann steilen Anstieg zu einer ersten Anhöhe ❷ markieren. Mit Blick auf zwei kleine Seen laufen Sie ein Stück in das Tal hinein und passieren einige sumpfige Abschnitte, bevor Sie am Hang des Berges **Sandfelli** die Überreste eines alten Pfades erkennen können. Auch wenn die Steinpyramiden etwas weiter unterhalb im Tal stehen, lohnt es sich, diesem trockenen (!) Trampelpfad eine Weile zu folgen. Um die richtige Route zum nächsten Pass nicht zu verfehlen, müssen Sie bei **Kelkurin** die Steinpyramide mit der Nr. 61 anpeilen und anschließend auf der rechten Seite des Baches steil bergan steigen. Das letzte Stück zum Pass **Oyrarkarð** ❸ ist felsig, aber gut zu bewältigen. Von hier haben Sie einen schönen Blick auf den schmalen Fjord Funningsfjørður.

Nach einem kurzen, aber kräftigen Abstieg an Steinpyramiden entlang führt der Weg über die Hochebene, wobei es abwechselnd felsig und sumpfig zugeht. Auch wenn die Steinpyramide Nr. 41 auf der anderen Seite eines Baches steht, brauchen Sie das Gewässer an dieser Stelle nicht zu überqueren. Erst 1,4 km hinter dem Pass müssen Sie auf die andere Seite des Baches wechseln und anschließend das

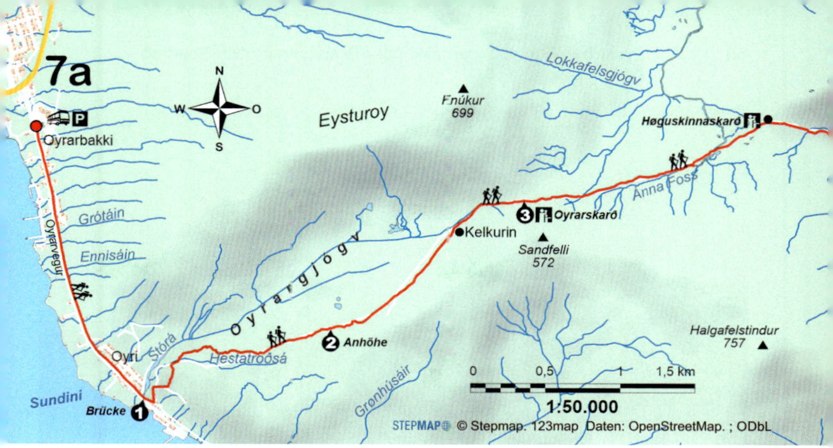

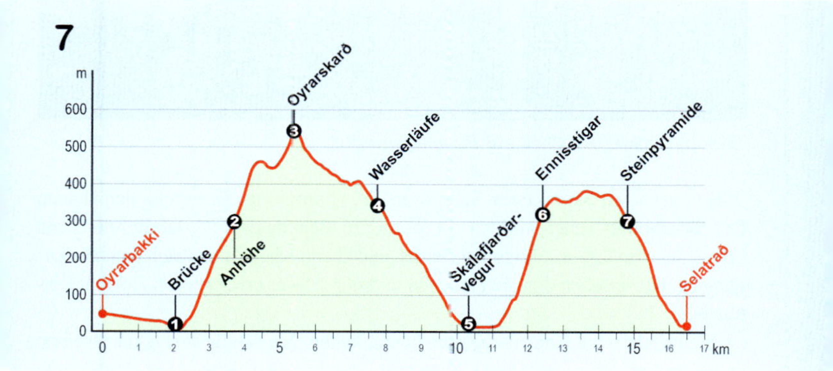

kleine Felsplateau **Høguskinnaskarð** erklimmen, von dem aus sich eine schöne Aussicht auf den malerischen Ort **Funningsfjørður** am gleichnamigen Fjord bietet.

An der Steinpyramide Nr 34 beginnt der Abstieg vom Plateau ins Tal, und schon bald kommt der Fjord **Skálafjørður** in Sicht. Die Orientierung kann an dieser Stelle etwas schwierig sein, da die Pfähle mit den gelben Plaketten im Gelände kaum zu erkennen sind. Die richtige Route führt in das saftige, grüne Tal hinab und quert innerhalb von 400 m zwei Wasserläufe ❹.

Anschließend heißt es aufgepasst, denn der Weg setzt sich nicht zur Schlucht Øksnagjógv fort, sondern steigt schräg rechts den Hang hinauf. Nach

Steinpyramide mit Blick auf Funningsfjørður

350 m gelangen Sie zu einer Steinpyramide, von der aus Sie bereits den kleinen Ort **Skálabotnur** sehen können. Er wurde zu Beginn des 17. Jahrhunderts auf Erlass des dänischen Königs gegründet und diente damals als wichtiger Versorgungspunkt zwischen den abgelegenen und nur schwer erreichbaren Dörfern Eysturoys.

Sie wandern auf eine Hochebene hinab, halten sich schräg rechts und bleiben immer in der Nähe des Hangs **Kinnarnar**, durchqueren dabei zwei Wasserläufe und steigen dann steil auf das nächste Plateau hinunter. Hier sind die Holzpfähle wieder schlecht zu sehen, es geht jedoch durch unebenes Terrain mit Wasserläufen, Gräben und Sümpfen geradeaus weiter.

Wichtig ist, dass Sie nicht zu früh ins Tal hinabsteigen, sondern auf etwa gleichbleibender Höhe Richtung Fjord laufen. Nach ca. 1 km erreichen Sie die Steinpyramide Nr. 10 und 250 m später einen Zaun, den es zu überwinden gilt. Nun steuern Sie auf die Häuser von Skálabotnur zu und suchen sich einen möglichst angenehmen Weg hinab ins Tal. Kurz vor der Siedlung steht noch eine letzte Bachdurchquerung an. 150 m später erreichen Sie eine Brücke, klettern an ihrem Ende über einen Zaun und laufen auf einer kleinen Stichstraße bis zur Landstraße

Nr. 69 (Skálafjarðarvegur) ❺. Wenn Sie an der ca. 500 m entfernten ⛽ ✕ Tankstelle (🚪 in der Regel ganztägig) einkehren oder mit dem 🚌 Bus nach Oyrarbakki zurückfahren möchten, müssen Sie sich links halten.

Um den zweiten Abschnitt der Wanderung in Angriff zu nehmen, wenden Sie sich nach rechts und gehen ca. 800 m an der Landstraße Nr. 69 entlang bis zum ⚓ **Hafen**. Rechter Hand sehen Sie einen braunen Holzzaun und dahinter einen Drahtzaun, über den Sie klettern. Um zur knapp 500 m entfernten ersten Steinpyramide zu gelangen, steigen Sie über unebenes Terrain schräg nach links den Hang hinauf und queren dabei u. a. den Fluss Skipá sowie einen weiteren Drahtzaun. Nachdem Sie auch den Fluss **Innara Ennisá** passiert haben, geht es an gut sichtbaren Steinpyramiden entlang äußerst steil – und sehr mühselig! – den Hang hinauf. Halten Sie sich dabei möglichst lange auf dem Gras und meiden Sie das Geröll. Die letzten Meter bis zur Anhöhe **Ennisstígar** ❻ sind felsig und können nur unter Zuhilfenahme der Hände bewältigt werden. Als Entschädigung für

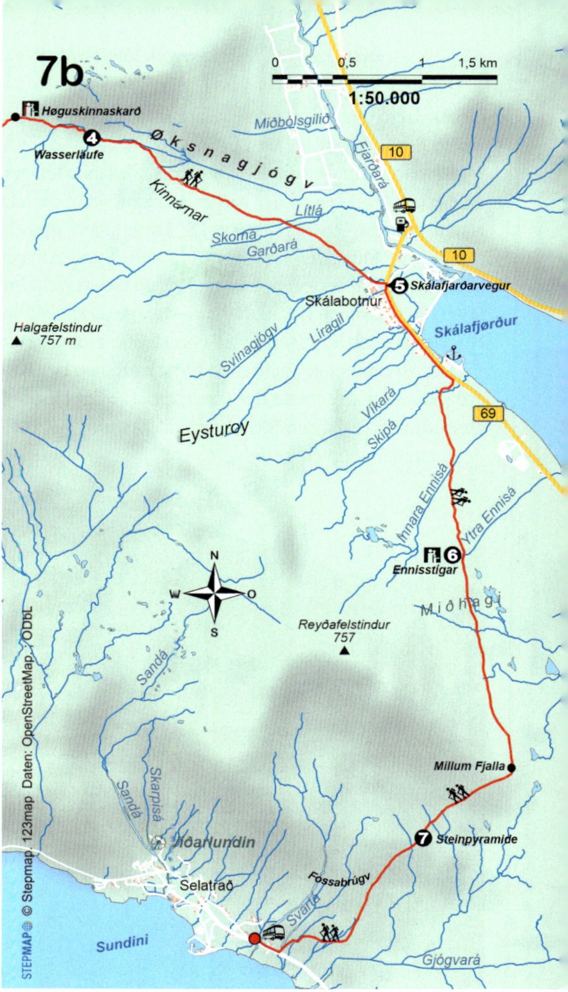

die Anstrengung bietet sich ein fantastischer Blick über den Skálafjørður sowie die Inseln Eysturoy, Kalsoy und Borðoy.

Mit einer Länge von 13 km ist der **Skálafjørður** der am weitesten ins Landesinnere reichende Fjord der Färöer. Seine geschützte Lage mit den hervorragenden Hafenbedingungen brachte im 18. Jahrhundert den dänischen Amtmann Dahlerup auf die Idee, den Handels- und Verwaltungsstützpunkt der Inseln von Tórshavn hierher zu verlegen. Es kam jedoch nie so weit. Im Zweiten Weltkrieg errichteten die britischen Besatzer ihren Marinestützpunkt im Skálafjørður, weil sich der Fjord relativ leicht gegen feindliche U-Boote abschirmen ließ.

Die zusammengewachsenen Ortschaften an der Nordostseite stellen eines der größten Ballungsgebiete der Inseln dar. Der im Dezember 2020 eröffnete Unterwassertunnel zwischen Streymoy und Eysturoy hat die Attraktivität dieser Region noch einmal deutlich gesteigert.

Typische Zauntreppe in der Außenmark

Der mit Steinpyramiden markierte Weg setzt sich Richtung Süden über die Hochebene **Miðhagi** fort und passiert dabei nicht nur Felsplateaus und große Gesteinsbrocken, sondern auch kleine Seen und sumpfige Abschnitte. Nach ca. 700 m kommen Sie zu einer Zauntreppe, der 1 km später noch eine weitere folgt. Inzwischen ist der Blick auf den Fjord durch den Berg **Borgafelli** versperrt und die Route führt bei **Millum Fjalla** nicht links ins Tal hinab, sondern wendet sich nach rechts und hält auf einen Hang zu. Wenn nach 750 m an einer **Steinpyramide** **7** der Abstieg beginnt, ist geradeaus bereits die Nordseite der Insel Streymoy mit einem Teil des Ortes Kollafjørður sichtbar.

Selatrað liegt geschützt am Sund zwischen Streymoy und Eysturoy

Bei **Fossabrúgv** geht es über unebenes Terrain zunächst sehr steil und dann mäßig bergab bis zur 900 m entfernten letzten Steinpyramide, von der aus sich ein schöner Blick auf Selatrað und die gegenüberliegende Siedlung Hosvík bietet. Um zum Dorf zu gelangen, halten Sie sich diagonal nach rechts und wandern bergab bis zu einer Pforte. Dahinter setzt sich der Weg an einem Zaun und anschließend an einer Trockenmauer entlang bis zu einem Bach fort, den Sie queren. Anschließend steigen Sie rechts des Baches die Wiese hinab und treffen auf Höhe der Brücke auf die Asphaltstraße Selatraðarvegur. Die Bushaltestelle liegt 200 m weiter westlich am Ortseingang von **Selatrað**.

Die ca. 40 Einwohner sind besonders stolz auf ihren kleinen Wald **Viðarlundin**, der bereits 1913 am Nordwestrand des Dorfes angelegt wurde und hauptsächlich aus Kiefern, Fichten, Lärchen, Eschen und Ahorn besteht. Befestigte Gehwege und schöne Bänke laden zu einem erholsamen Waldspaziergang ein, wie man ihn auf den Färöern nur selten erleben kann.

8 Rund um den See Toftavatn

Tour für Naturschützer und Kulturliebhaber

Die abwechslungsreiche, familienfreundliche Wanderung führt zunächst auf einem schön angelegten Fußweg rund um den nördlichen Teil des Toftavatn. An dem seichten Gewässer lassen sich zahlreiche Vögel beobachten. Vom Südende des Sees steigen Sie anschließend auf einem alten Verbindungsweg den Hügel hinauf Richtung Toftir. In diesem kleinen Ort steht nicht nur ein interessanter, moderner Kirchenbau aus dem Jahr 1994, sondern auch das älteste international anerkannte Fußballstadion der Färöer.

Start/Ziel: Schule in Runavík, Rókarvegur 1, 620 Runavík, GPS N 62°06.517' W 006°43.479'

10,3 km

2 Std. 45 Min.

289 m/289 m

1-111 m

Lediglich der kurze Abschnitt vom Toftavatn zur Ortschaft Nes ist durch traditionelle Steinpyramiden markiert. Die Orientierung ist jedoch durchweg einfach.

Um den nördlichen Teil des Toftavatn führt ein schön angelegter, beleuchteter Fußweg mit zahlreichen Bänken. Die restliche Strecke wird auf Asphalt und Schotter (ca. 45 %) sowie auf Gras (ca. 15 %) zurückgelegt.

Einkehrmöglichkeiten gibt es nur in Runavík, z. B. das Restaurant im Hotel Runavík (Heiðavegur 6).

Rund um den See Toftavatn finden Sie schöne Bänke und Picknickplätze.

Die einfache Tour kann auch von Kindern im Grundschulalter gut bewältigt werden.

Am Startpunkt befindet sich ein kostenfreier Parkplatz.

Die Linie 450 fährt regelmäßig von Tórshavn nach Runavík (werktags 8 Abfahrten, Sa 3 Abfahrten, So 2 Abfahrten). Eine Bushaltestelle befindet sich am Kreisverkehr, 50 m von der Schule entfernt.

Für eine kurze Schnuppertour (ca. 3 km) bietet sich die Umrundung des nördlichen Toftavatn ohne den Abstecher nach Toftir an.

Vom Parkplatz in **Runavík** kommend nehmen Sie den kleinen Schotterweg parallel zum Bach **Løkurin**, der zunächst links am Schulgebäude und kurz darauf auch am Fußballplatz entlangführt. Auf den ersten 500 m Richtung See ignorie-

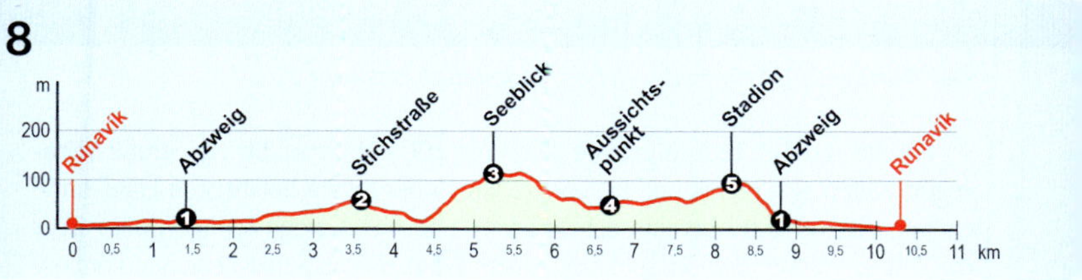

ren Sie zwei nach links führende Brücken sowie zwei Abzweige zum Fußballplatz. Kurz nach einer Rechtskurve passieren Sie ein Gatter, laufen am nächsten Abzweig geradeaus weiter und erreichen 50 m später einen idyllischen ⩩ Picknickplatz am See. Der schön angelegte Fußweg mit zahlreichen Bänken leitet Sie nun um den nördlichen Teil des **Toftavatn** herum.

Nach 600 m ignorieren Sie rechts einen steil den Hang hinaufsteigenden Schotterweg ❶, bleiben in Ufernähe und kommen an einer ⌘ Skulptur vorbei, die einen Schäfer mit seinem Hund darstellt. Weiter geht es über den Damm und bis zu einer T-Kreuzung, an der Sie sich rechts halten.

⇨ Wenn Sie nur die Schnuppertour um den See gehen möchten, müssen Sie an dieser Stelle links abbiegen.

Der Toftavatn ist für sein reiches Vogelleben bekannt

Für die „große" Tour folgen Sie dem Weg 200 m bergauf bis zur Straße **Mýravegur**, halten sich rechts und laufen 1,2 km an der mäßig befahrenen Landstraße entlang. Sie verläuft oberhalb des Toftavatn und bietet einen schönen Blick über das ruhige Wasser, den Sie u. a. von einem Aussichtspunkt genießen können. Der viertgrößte natürliche See der Färöer hat eine Ausdehnung von 0,5 km^2 und ist für sein reiches Vogelleben bekannt. Am Südende des Toftavatn angekommen, bringt Sie eine schmale, ca. 500 m lange Stichstraße ❷ rechts den Hügel hinab bis zu einem Gebäude direkt am Seeufer.

Sie können einen kurzen Abstecher zum Strand **Sandurin Mikli** machen, indem Sie dem entsprechenden Hinweisschild folgen.

Der Wanderweg biegt allerdings schon vor dem Wirtschaftsgebäude links ab und führt schräg den Hang hinauf bis zur ersten Steinpyramide. An mehreren Steinmännern entlang geht es in derselben Richtung weiter, bis 1 km später die kleinen Seen **Kornvatn** und **Hamravatn** in Sicht kommen ❸.

Nun laufen Sie am Zaun entlang und steuern auf die Asphaltstraße Agnið zu, die Sie 100 m später erreichen und der Sie bergab (rechts) folgen. Etwas unterhalb liegt die kleine Siedlung Nes, die nahtlos in die Ortschaft **Toftir** übergeht. Wenn die Straße eine ausgedehnte Kurve macht, können Sie geradeaus den Abhang hinuntergehen und auf diese Weise eine Abkürzung nehmen. An der nächsten Gabelung halten Sie sich halb links und bleiben auf der Straße Agnið, die nach 550 m in den Nesvegur mündet. Sie setzen Ihre Wanderung geradeaus fort und haben bald darauf einen schönen Blick auf die moderne ✝ **Fríðrikskirkja** (Friedrichskirche) und den Fjord ❹. Das 1994 geweihte Gotteshaus wurde nach einem Entwurf des färöischen Architekten Høgni W. Larsen gebaut und verbindet färöische Tradition mit zeitgenössischen Stilelementen. Die weithin sichtbare Kirche erstrahlt in weiß gestrichenem Stahlbeton und ist für ihre hervorragende Akustik bekannt.

Kurz vor der Kirche biegen Sie rechts auf den Kvíggjarvegur und gleich darauf links auf den Lýðarsvegur ab. Wenn dieser 700 m später endet, stellt ein kleiner Fußweg die Verbindung zum Regnarvegur her. Es geht immer weiter geradeaus bis zum ⌘ **Stadion Á Svangaskarði** ❺. Als die Färinger 1991 bei einem Fußballspiel völlig überraschend gegen Österreich gewannen, gab es auf den Inseln noch kein Stadion, das den internationalen Anforderungen entsprach. Das legendäre Match war deshalb in Schweden ausgetragen worden. Um Abhilfe zu schaffen, sprengte man in Toftir voller Enthusiasmus eine Bergkuppe und errichtete einen modernen Fußballtempel mit Platz für 16.000 Zuschauer.

Um zum **Toftavatn** und zum Ausgangspunkt der Wanderung zurückzukehren, nehmen Sie kurz vor dem Stadion den Abzweig nach rechts, passieren ein Gatter, laufen rechts um ein Gebäude herum und wandern dann in Serpentinen steil bergab bis zum See. An der Uferpromenade ❶ halten Sie sich links und folgen die letzten 1,5 km der bereits bekannten Route zurück zur Schule in **Runavík**.

Ente am Ufer des Toftavatn

Streymoy mit Nólsoy

Die kleine Olafskirche in Kirkjubøur stammt aus dem frühen 12. Jahrhundert, Tour 15

9 Von Saksun nach Tjørnuvík

Tour für Naturliebhaber und Geschichtsbegeisterte (👪)

Die Wanderung führt vom Museumshof in Saksun zum malerischen Dorf Tjørnuvík und beginnt mit einem steilen, aber gut zu bewältigenden Anstieg bis zur Hochebene Frammi í Dal. Nun sind Sie im Reich der Vögel und Schafe angekommen und wandern von zahlreichen Tierlauten begleitet gemächlich bergan bis zum höchsten Punkt Tjørnuvíksskarð. Während des Abstiegs nach Tjørnuvík ist der Blick auf den kleinen Ort, den vorgelagerten Sandstrand und die beiden Felsen Rísin und Kellingin atemberaubend.

⇆ Start/Ziel: Parkplatz in Saksun, Hvalvíksvegur, GPS N 62°14.753' W 007°10.612'

13,2 km

5 Std. 30 Min.

↑↓ 1.012 m/1.012 m

⇧ 2-522 m

Die Route ist mit Holzpfählen bzw. auf der Hochebene mit Steinpyramiden durchgehend markiert.

Die Wanderung verläuft weitgehend auf einem schmalen Trampelpfad, es gibt aber auch einige Abschnitte über Gras und feuchtes Terrain ohne Weg.

Der traditionsreiche Museumshof Dúvugarðar in Saksun,
Foto: Maximilian Busl

Das kleine Café Sólja in Tjørnuvík ist von Mai bis Ende September geöffnet (km 6,6).

Unterwegs finden Sie keine Bänke oder Picknickplätze.

Wenn Sie diese Tour mit Kindern in Angriff nehmen möchten, sollten Sie nur die einfache Strecke wandern und den Rückweg mit dem Taxi zurücklegen. Dann ist die Wanderung für Kinder ab ca. 10 Jahren geeignet.

Am Startpunkt gibt es einen kostenfreien Parkplatz.

Es existiert keine Busverbindung nach Saksun. Falls Sie auf öffentliche Verkehrsmittel angewiesen sind, müssen Sie die Tour in Tjørnuvík beginnen. Die Linie 202 verkehrt werktags 5x täglich zwischen Oyrarbakki und Tjørnuvík. Von Tórshavn kommend erreichen Sie Oyrarbakki mit der Linie 45-00. Leider ist nicht immer ein direkter Anschluss an die Linie 202 gewährleistet.

Wenn Sie die Strecke nicht wieder zurücklaufen möchten, können Sie mit der Buslinie 202 nach Oyrarbakki und von dort mit der Linie 450 nach Hvalvík fahren. Für die letzten 11 km bis Saksun müssen Sie ein Taxi bestellen, z. B. Auto, ☏ +298/36 36 36, oder Bil, ☏ +298/32 32 32.

Vom Parkplatz in **Saksun** folgen Sie der Asphaltstraße 150 m und kommen dabei am ⌘ Museumshof **Dúvugarðar** vorbei, der mit seinen schönen, grasgedeckten Häusern rechter Hand auf einem kleinen Hügel liegt.

⌘ Der traditionsreiche Bauernhof **Dúvugarðar** (Taubenhof) gibt mit seinen bis zu 200 Jahre alten Gebäuden einen guten Einblick in die färöische Lebenswei-

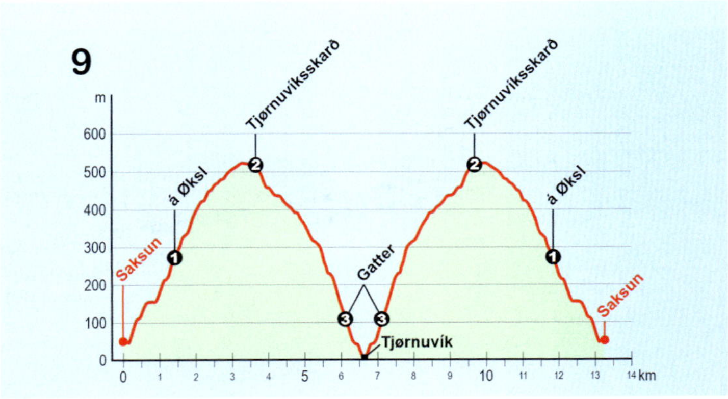

se zu Beginn des 20. Jahrhunderts. Neben dem historisch eingerichteten Wohnhaus sind auch ein Stall, eine Heuscheune, zwei Vorratsschuppen für Fisch und Fleisch, ein Torfhaus, ein Sauerampfergarten sowie die Reste einer Mühle erhalten geblieben. Die kleine Kirche wurde 1858 von Tjørnuvík hierher versetzt und dabei in Einzelteilen zerlegt zu Fuß (!) über den Wanderweg transportiert. Die schöne Lagune Pollurin war bis zu ihrer Versandung im frühen 17. Jahrhundert ein Fjordarm mit einem geschützten Naturhafen.

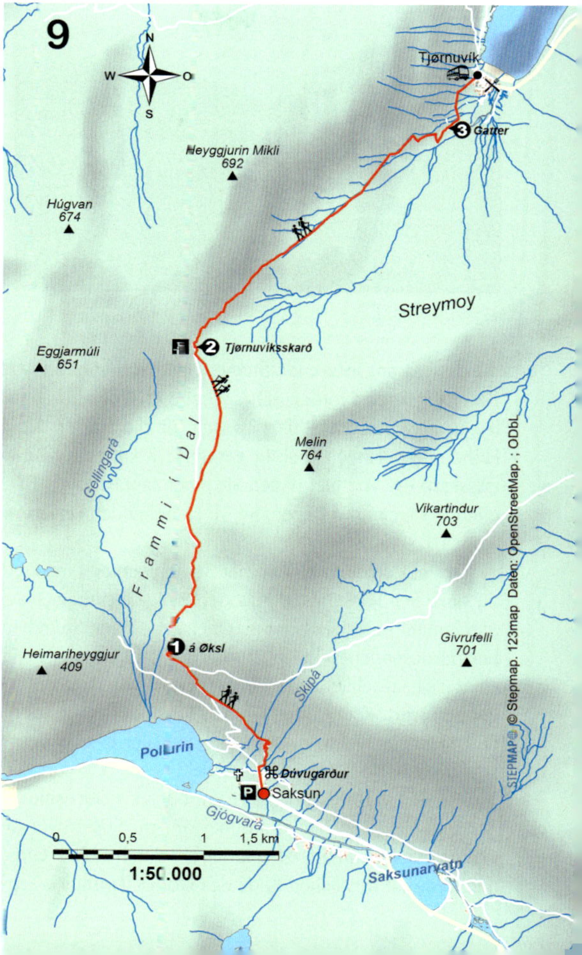

Der offizielle Wanderweg beginnt an einer Informationstafel, steigt links vom Fluss **Skipá** auf einem eingezäunten Grashang steil hinauf, passiert das Tor zur Außenmark und führt anschließend an gelbroten Holzpfählen entlang in Serpentinen kräftig bergan.

Dann wandern Sie auf nahezu gleichbleibender Höhe mit schönem Blick auf die versandete Lagune **Pollurin** den Hang entlang. Unterwegs sind einige kleine Wasserläufe zu queren und feuchte Stellen zu bewältigen.

Wenn Sie insgesamt 1 km zurückgelegt haben, steigt der Weg noch einmal spürbar an und erreicht 400 m später die erste Anhöhe **á Øksl ❶**.

Frammi í Dal

Nun wandern Sie an der rechten Flanke der idyllischen Hochebene **Frammi í Dal** entlang, begleitet von zwitschernden Vögeln und grasenden Schafen. Der Fluss Gellingará schlängelt sich weiter unterhalb durch das Tal und die Westspitze der Insel Vágar schimmert hinter den Berghängen am Horizont. Der Pfad verschwindet zwischendurch, richtungsweisende Steinpyramiden führen Sie aber immer in der Nähe des Berghangs gen Norden. Die Wegbeschaffenheit ist mit feuchten, felsigen und leicht ausgesetzten Stellen typisch für die Färöer. Sie gewinnen zunehmend an Höhe und gelangen nach insgesamt 2,3 km zum 522 m hohen Pass **Tjørnuvíksskarð ❷**. Von hier haben Sie einen fantastischen Blick auf die Bucht Tjørnuvík und die sagenumwobenen, im Meer stehenden Felsen **Rísin** und **Kellingin** (☞ Tour 4).

Der gut erkennbare und mit Steinpyramiden markierte Pfad schwenkt nun auf die linke Seite des Tals, durchquert einige kleine Bachläufe sowie sumpfige Stellen und kommt nach ca. 1 km zu einer gewaltigen Steinpyramide, die am Rand einer beeindruckenden Schlucht thront. Es folgt ein steiler Abstieg Richtung Fluss mit einer sich anschließenden Passage am Flusslauf entlang, bis er 500 m später gequert wird. Kurz darauf können Sie in der Ferne wieder die beiden Felsen Rísin und Kellingin sehen, ebenso die schmale, in den Berghang gehauene Zufahrtsstraße nach Tjørnuvík.

Auf den verbleibenden 1,1 km bis zum Dorf sind immer wieder steile Passagen und kleine Bachläufe zu überwinden. 500 m vor dem Ziel passieren Sie das **Gatter zur Innenmark ❸** und laufen durch hohes Gras und vielfarbige Wildblumen bis zum westlichen Ende des Dorfes **Tjørnuvík**, wo der offizielle Wanderweg

Blick auf Tjørnuvík

an einer Informationstafel endet. Sie sollten sich jedoch einen kleinen Spaziergang durch den ⌘ historischen Ortskern mit seinen schmalen Gassen und grasbewachsenen Häusern nicht entgehen lassen. Wie Ausgrabungen einer Wikingergrabstätte zeigen, war die geschützte Bucht schon früh besiedelt. Auch der feine, schwarze Sandstrand ist einen Besuch wert.

Nachdem Sie die malerische Ortschaft Tjørnuvík erkundet haben, können Sie sich im kleinen Café Sólja stärken.

☕ Café Sólja, Teigagøta 14, 445 Tjørnuvík, ☏ +298/21 30 16, Mai-Ende Sep Mo-Mi, Fr, Sa 11:00-17:00

Dann geht es auf demselben Weg zurück nach Saksun. Nehmen Sie sich für den anstrengenden Aufstieg zum Tjørnuvíksskarð genug Zeit und teilen Sie sich Ihre Kräfte gut ein.

10 Von Vestmanna (über Hvalvík) nach Kvívík

Tour für Liebhaber von einsamen Gefilden (👪)

Die bis auf wenige Ausnahmen einfach zu gehende, aber lange Wanderung vermittelt einen guten Eindruck von den uralten Fußwegen, die bis zum Straßenbau die einzige Verbindung zwischen den Dörfern darstellten. Von Vogelrufen begleitet passieren Sie aussichtsreiche Anhöhen, weite Hochebenen und friedliche Täler. Die Route führt an einer Reihe von Stauseen vorbei, die der färöische Energiekonzern SEV in den 1960er-Jahren angelegt hat. In Kvívík angekommen, können Sie die freigelegten Grundmauern von zwei Langhäusern aus der späten Wikingerzeit besichtigen.

→ Start: Abzweig des Ovari Vegur von der Straße Nr. 21, 350 Vestmanna, GPS N 62°09.232' W 007°08.746'; Ziel: Bushaltestelle Kvívík, Undir Gráasteini, 340 Kvívík, GPS N 62°07.122' W 007°04.597'

17,9 km (mit Abstecher 18,9 km)

6 Std. 30 Min.

↑↓ 913 m/889 m

20-405 m

Nach dem Verlassen der Asphaltstraße ist die Route über weite Strecken durch traditionelle Steinpyramiden markiert. Auf dem ersten Teilstück Richtung Hvalvík dient außerdem die Stromleitung als Orientierungshilfe.

Nach 3 km auf Asphalt führt die Wanderroute bis kurz vor Kvívík durch karges, unbesiedeltes Gelände. Dabei wechseln Abschnitte mit einem gut erkennbaren Trampelpfad und Passagen ohne vorgegebenen Weg einander ab.

Einkehrmöglichkeiten bestehen nur in Vestmanna, z. B. im Restaurant Fjørukrógvin (Fjarðarvegur 2).

Unterwegs gibt es keine Bänke oder Picknickplätze.

Wenn Sie diese Tour mit Kindern gehen möchten, sollten Sie sich auf die erste Teilstrecke bis Hvalvík beschränken (ca. 10,5 km). Dann ist die Wanderung für Kinder ab ca. 10 Jahren zu empfehlen.

P 200 m vom Startpunkt entfernt gibt es einen kostenlosen Parkplatz am Supermarkt Á (Fjarðarvegur 12, 350 Vestmanna).

Die Buslinie 100 verkehrt regelmäßig zwischen Tórshavn und Vestmanna, meistens müssen Sie jedoch von Tórshavn die Linie 300 nehmen und an der Tankstelle im Kollafjarðardalur den Bus wechseln (werktags ca. 8 Abfahrten, Sa/So 3 Abfahrten). Bitten Sie den Fahrer, Sie direkt am Startpunkt aussteigen zu lassen. Von Kvívík können Sie mit der Linie 100 entweder zum Ausgangspunkt in Vestmanna oder nach Tórshavn zurückkehren.

Sie können die Tour abkürzen, indem Sie entweder nur von Vestmanna nach Hvalvík (ca. 10,5 km) oder nur von Hvalvík nach Kvívík (ca. 11 km) laufen. Von Hvalvík besteht mit der Linie 400 eine Busverbindung nach Tórshavn. Um nach Vestmanna oder Kvívík zu gelangen, müssen Sie an der Tankstelle im Kollafjarðardalur in die Linie 100 umsteigen.

Vom Startpunkt in **Vestmanna** folgen Sie der Straße Ovari Vegur 350 m und biegen anschließend scharf rechts in den Leitisvegur ab, der an Wohnhäusern entlang spürbar ansteigt. Wenn 800 m später geradeaus eine] Staumauer in Sicht kommt, halten Sie sich links und laufen auf einer schmalen Asphaltstraße mit schönem Blick über die weite Bucht von Vestmanna und die benachbarte Insel Vágar in das Tal **Fonsdalur** hinein. Linker Hand fließt der Fluss Fossá, der vom färöischen Energiekonzern SEV etwas weiter oberhalb zu einem kleinen See angestaut wurde. Kurz vor der] Staumauer quert eine Stromleitung die Straße ❶.

Urige Hütte bei Vestmanna

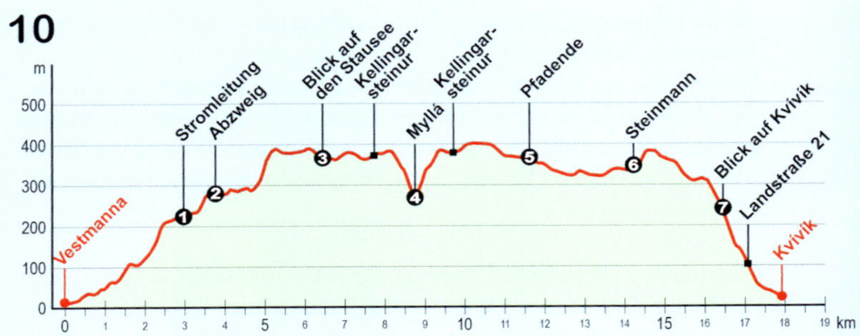

Hier heißt es aufgepasst, denn die Route verlässt nun den Fahrweg, wendet sich nach rechts den Hang hinauf und stößt wenige Meter später auf einen gut erkennbaren Pfad, der zur imposanten Schlucht **Bjerndalsgjógv** führt.

Wenn Sie den Abzweig an der Stromleitung ignorieren und stattdessen noch 500 m auf der kleinen Straße bleiben, haben Sie von der Brücke über den Fluss Bjarnadalsá einen fantastischen Blick in die Schlucht. Falls Sie anschließend nicht bis zum Abzweig zurücklaufen möchten, können Sie auch direkt hinter der Brücke rechts auf einen kleinen Schotterweg abbiegen und diesem bis zu einem weiteren Staubecken folgen. Hinter dem Staudamm stoßen Sie dann wieder auf den Wanderweg ❷.

Die offizielle Route verläuft oberhalb der Bjerndalsgjógv sehr nah am Abgrund und steigt dann zum südlichen Ufer des kleinen Stausees hinab ❷. Es folgt eine angenehme, manchmal etwas feuchte Passage durch das Tal **Bjarnadalur**. Der schmale Trampelpfad verschwindet zwischenzeitlich, die Strommasten helfen jedoch bei der Orientierung. Sie halten sich immer rechts von der Stromleitung, wenden sich dabei allmählich vom Fluss Bjarnadalsá ab und steigen an der rechten Talseite den Hang hinauf, bis Sie nach insgesamt 1,5 km die Anhöhe unterhalb des Berges **Klettur** erreichen. Steinpyramiden markieren nun die Strecke über die stellenweise sumpfige und unebene Hochebene. Die Strommasten befinden sich zwischenzeitlich links vom Weg, wechseln aber schon nach kurzer Zeit wieder auf die rechte Seite. Vom Gebiet Hvalvíksbrekkan aus haben Sie einen schönen Blick auf den Stausee **Mýrarnar**, der 1961 vom Energiekonzern SEV künstlich angelegt wurde ❸.

10
N
W
O
S
Moskurfsfjall
624
Miðalfelli
596
Kellingarsteinur
Myllá
4
Hvalvík
Myllá
Blick auf
den Stausee
3
Bjarnadalsá
Klettur
443
Hvalviksbrekkan
Bjarnadalur
Lómundaroyri
2
Abzweig
Loysingarfjall
639
Dýnugil
Mýrarnar
Gilið
Bjerndalsgjógv
1
Stromleitung
5
Ende des Trampelpfad
Tungáin
Fossá
Fjórdingsá
Hvannagjógv
Fonsdalur
Heljareyga
Heygadalur
Vallgil
Vestmanna
P
Heygavatn
Heljareya
21
Ragnagjógv
Marknará
Knuksgil
Streymoy
Steinmann vor
Wegekreuz
6
Breiðá
Halsur
405
Tincur
579
Egilsfjall
618
Gásafelli
477
Grønagil
Gassá
7
Blick auf Kvivik
Breiðá
P
Músagil
21
0
0,5
1
1,5 km
1:50.000
Kvívík
11
STEPMAP © Stepmap, 123map Daten: OpenStreetMap. ; ODbL

Blick auf Eysturoy mit der Siedlung Selatrað

Es folgt eine weitere, manchmal etwas sumpfige Passage über die Hochebene. Hier gibt es zwar keinen erkennbaren Pfad, aber wegweisende Steinpyramiden. Wenn Sie ca. 1 km später den kunstvoll auf einem Steinplateau aufgeschichteten Steinmann **Kellingarsteinur** erblicken, befinden Sie sich ganz in der Nähe der Weggabelung, an der Sie auf dem Rückweg Richtung Kvívík abbiegen werden.

Zunächst wandern Sie jedoch auf einem Trampelpfad halb rechts um die Bergkuppe Eggjarmúli herum. Während sich der Blick auf die Insel Eysturoy mit den beiden Siedlungen Oyri und Selatrað öffnet, geht es spürbar bergab. Nach einer kleinen Bachdurchquerung kommen Sie zur Schlucht Hvalvíksgjógv und zum Fluss **Myllá** ❹. Wer bis Kvívík weiterwandern möchte, sollte von dieser Stelle aus den Blick auf **Hvalvík** genießen und sich den steilen Abstieg bis zum Dorf sparen.

Falls Sie die Tour jedoch in Hvalvík beenden möchten, steigen Sie am nördlichen Ufer des Flusses steil bergab und erreichen den Ort in Höhe des Gemeindehauses.

Besonders sehenswert ist in Hvalvík die älteste erhaltene ✝ **Holzkirche** der Färöer. Sie wurde 1829 errichtet, nachdem ein gewaltiger Sturm den Vorgängerbau fortgerissen hatte. Mit ihrem Grasdach, dem aufgesetzten Türmchen, den schwarz geteerten Holzwänden und dem Steinfundament gilt sie als typisch für ihre Zeit. Das verwendete Kiefernholz stammt aus der Ladung eines bei Saksun gekenterten Schiffes. Schiffsunglücke waren zur damaligen Zeit leider keine Seltenheit. Am Strand von Hvalvík ragen bis heute die Überreste des 1924 gesunkenen **Schoners „Golden Harp"** aus dem Wasser.

Vom Aussichtspunkt nehmen Sie denselben Weg zurück bis zum markanten Kellingarsteinur, halten sich aber 100 m später an der nächsten Steinpyramide leicht links und lassen die Strommasten sowie den Weg nach Vestmanna rechts im Tal liegen. Der deutlich erkennbare Trampelpfad Richtung Kvívík führt am Hang oberhalb des Sees **Mýrarnar** entlang, endet jedoch nach ca. 1 km ❺. Nun geht es von Steinpyramide zu Steinpyramide durch sumpfiges, unebenes Gelände weiter geradeaus.

Achten Sie darauf, dass Sie auf gleicher Höhe bleiben und nicht aus Versehen dem Fluss **Heljareygá** rechts hinab ins Tal folgen.

Sie kommen an einem Wassergraben vorbei, überqueren ihn auf einer kleinen Holzbrücke und laufen gleich darauf über eine schmale Staumauer. Mit einem schönen Blick über das Tal **Heygadalur**, einen weiteren Stausee und den Ort Vestmanna setzt sich die Route an einem Bach und an einem Zaun entlang fort.

☺ Sie müssen nicht über den Drahtzaun klettern, auch wenn sich die Steinpyramiden teilweise auf der anderen Seite befinden.

Schließlich gelangen Sie zu einer kleinen Schlucht, die Sie am besten etwas weiter oberhalb queren können. Dann laufen Sie geradeaus den Hang hinauf und erreichen 100 m hinter einem kleinen Staudamm einen besonders kunstvollen Steinmann, der ein Wegekreuz ankündigt ❻.

Damit Sie nicht vom rechten Weg abkommen, peilen Sie den rechts vor Ihnen aufragenden, 618 m hohen Berg **Egilsfjall** mit seinem markanten Gipfel an. Um nach Kvívík zu gelangen, werden Sie später an der linken Flanke des Berges hinab ins Tal wandern. Zunächst führen die Markierungen Sie jedoch noch 500 m bis zur Anhöhe **Hálsur** hinauf. Hier beginnt der ca. 3 km lange Abstieg auf einem gut erkennbaren, aber feuchten und mit kleinen Wasserläufen durchsetzten Pfad. Wenn Sie die Hälfte der Strecke zurückgelegt haben, queren Sie die Stromleitung und haben 200 m später bereits einen schönen Blick auf die Ortschaft Kvívík ❼.

Der Trampelpfad ist auf den letzten 650 m bis zur Asphaltstraße nicht immer erkennbar, Sie können sich jedoch an vereinzelten Steinpyramiden orientieren und einfach geradeaus auf die Straße zuhalten. Dabei geht es steil bergab bis zum Fluss **Músagil** und anschließend durch das flache Wasser hindurch zum anderen Ufer, wo Sie das Tor zur Außenmark passieren und die Landstraße Nr. 21 in Höhe eines P Parkplatzes mit Aussichtspunkt erreichen.

Vom Aussichtspunkt bietet sich ein erster Blick auf Kvívík

Zwei verschiedene Wege führen nun zum Ortskern: Sie können die bequeme, aber 2 km lange Route über die Landstraße wählen oder alternativ durch hohes, feuchtes Gras geradeaus hinab bis zu einer eingezäunten Neubausiedlung gehen. Die Abbruchkante ist sehr steil, sodass Sie ein ganzes Stück nach links um die Siedlung herumlaufen müssen, bis Sie an einer geeigneten Stelle über die hohe Einzäunung klettern können. Damit haben Sie die letzte Herausforderung gemeistert und legen die verbleibenden 400 m bis zur **Bushaltestelle** bequem auf der Teerstraße Gerðisgøta zurück.

Kirche von Kvívík

Bevor Sie mit dem Bus zum Ausgangspunkt in Vestmanna oder direkt nach Tórshavn zurückkehren, sollten Sie sich einen Spaziergang durch den idyllischen Ort ⌘ **Kvívík** nicht entgehen lassen.

Das malerische Dorf **Kvívík** liegt eingebettet zwischen schroffen Berghängen an einer schmalen, geschützten Bucht. 194 stieß man in unmittelbarer Nähe des Strandes bei Bauarbeiten auf die **⌘ Überreste von zwei Langhäusern** aus der späten Wikingerzeit (10.-11. Jahrhundert). Das eine von ihnen diente als Wohnhaus, das andere als Stall. Die für färöische Verhältnisse sehr großen Ausmaße von 22,0 x 5,75 m lassen vermuten, dass es sich um das Domizil einer wohlhabenden Wikingerfamilie gehandelt hat. Verschiedene Fundstücke wie Angeln, Öllampen oder Spielgeräte können im Nationalmuseum in Tórshavn besichtigt werden.

⓫ Von Hósvík zum See Leynavatn und nach Leynar

Tour für erfahrene Bergwanderer und Freunde der schroffen färöischen Natur

Der alte Verbindungsweg von Hósvik nach Leynar ist nur wenig frequentiert und hat sich deshalb viel von seiner Ursprünglichkeit bewahrt. Nach einer schwierigen Flussdurchquerung und mehreren steilen Passagen erreichen Sie den 521 m hohen Pass Hosvíksskarð. Von hier bietet sich ein weiter Rundblick über die Inseln Streymoy und Eysturoy. Der Abstieg zum idyllisch gelegenen, fischreichen See Leynavatn erfordert Trittsicherheit und ab und zu auch die Zuhilfenahme der Hände. In der kleinen Ortschaft Leynar am Ziel beeindruckt einer der schönsten Sandstrände der Färöer.

→ Start: Bushaltestelle Hósvík, GPS N 62°09.109' W 006°56.622';
Ziel: Bushaltestelle Leynar, GPS N 62°07.281' W 007°02.638'

7,7 km

3 Std. 40 Min.

↑↓ 542 m/494 m

⇧ 0-521 m

Wenn Sie Hósvík hinter sich gelassen haben und mit dem Anstieg beginnen, dient der Fluss Smørdalsá 2 km lang als Orientierung. Dann wandern Sie an Steinpyramiden entlang über die Hochebene. Der steile Abstieg zum See Leynavatn ist leider nicht markiert.

Von Hósvík bis zum Fluss Smørdalsá und vom Leynavatn nach Leynar folgen Sie kleinen Asphaltstraßen und Schotterwegen. Die 5 km dazwischen legen Sie ohne erkennbaren Pfad über Gras, sumpfige Stellen, Geröll und Felsen zurück.

Es sind keine Einkehrmöglichkeiten vorhanden.

Unterwegs gibt es keine Bänke oder Picknickplätze.

Aufgrund einiger sehr steiler Passagen ist die Tour erst für Kinder ab ca. 14 Jahren zu empfehlen.

P Am Startpunkt können Sie Ihr Auto kostenfrei abstellen.

Die Buslinie 400 verkehrt werktags 11x und Sa/So 5x täglich zwischen Tórshavn und Hósvík. Von Leynar fahren Sie mit der Linie 100 bis zur Tankstelle im Kollafjarðardalur und steigen dort in die Linie 450 Richtung Tórshavn oder Hósvík um.

Natürlich können Sie vom Leynavatn auch zu Fuß bis zum Ausgangspunkt zurückkehren. Da Sie dann insgesamt gut 1.000 Höhenmeter überwinden müssen, sollten Sie für diese Alternative ca. 8 Std. einplanen.

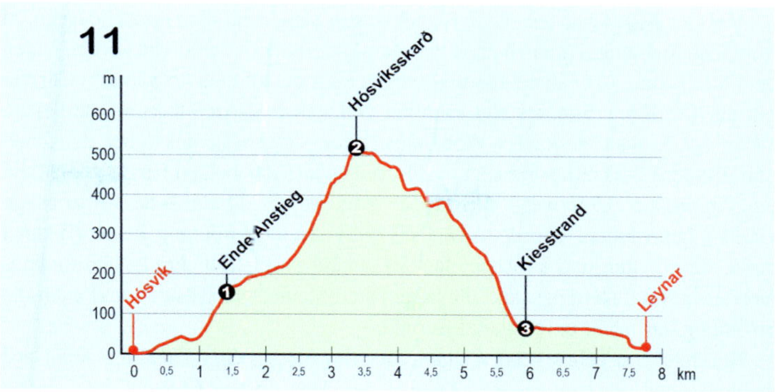
11
m
600
500
400
300
200
100
0
Hósvík
Ende Anstieg
Hósvíksskarð
Kiesstrand
Leynar
0
0,5
1
1,5
2
2,5
3
3,5
4
4,5
5
5,5
6
6,5
7
7,5
8 km

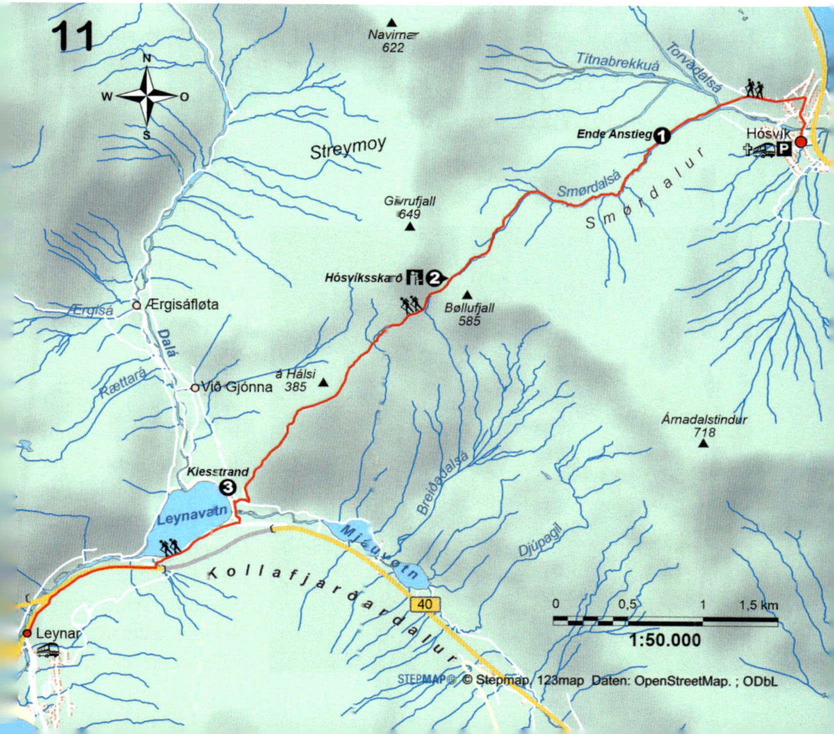
11
N
W
O
S
Navirnar
622
Títnabrekkuá
Torvadalsá
Ende Anstieg
Hósvík
Streymoy
Smørdalsá
Smørdalur
Gívrufjall
649
Hósvíksskarð
Bøllufjall
585
Ærgisá
Ærgisáfløta
Dalá
Rættará
Við Gjónna
á Hálsi
385
Árnadalstindur
718
Kiesstrand
Breiðadalsá
Leynavatn
Mjáuvøtn
Djúpagil
Kollafjarðardalur
40
0
0,5
1
1,5 km
1:50.000
Leynar
STEPMAP © Stepmap, 123map Daten: OpenStreetMap. ; ODbL

Von der Bushaltestelle in **Hósvík** folgen Sie der Straße Garðsendavegur in nördliche Richtung, kommen nach wenigen Metern an der Kirche vorbei, laufen auf einer Brücke über den Fluss und biegen kurz darauf halb links in den **Giljavegur** ab. Die kleine Straße steigt leicht an und schwenkt nach links ins Tal hinein. Wenn der Asphalt am letzten Wohnhaus endet, steigen Sie links über den Zaun und wandern 200 m hinab bis zum Zusammenfluss der beiden Flüsse Torvadalsá und Smørdalsá. Unterwegs müssen Sie zwei weitere Drahtzäune sowie einige Gräben überwinden. Die erste wirklich große Herausforderung besteht jedoch darin, den breiten und knöcheltiefen Torvadalsá zu queren. Am besten funktioniert es barfuß, allerdings sind die bemoosten Steine sehr glitschig und auch die Strömung darf nicht unterschätzt werden.

Anschließend geht es am rechten Ufer des Flusses **Smørdalsá** mal steil, mal mäßig bergauf. Nach einem 500 m langen, kräftigen Anstieg ❶ flacht das Gelände für ca. 1 km ab. Während Sie in den Talkessel des Smørdalur hineinlaufen, können Sie sich immer geradeaus halten und müssen nicht jeder kleinen Windung des Flusses folgen. Dann steigt der Weg erneut steil an und wechselt gleich hinter einem markanten Absatz auf die linke Seite des Smørdalsá. Während der letzten 300 m bis zum Pass **Hósvíksskarð** ❷ geben Steinpyramiden die Richtung an. Sie befinden sich nun 521 m über dem Meeresspiegel und haben zurückblickend eine fantastische Aussicht auf die Insel Eysturoy und das kleine Dorf Selatrað.

Wilde Blumen am Wegesrand, Foto: Maximilian Busl

An der nächsten Wegmarkierung öffnet sich der Blick dann auch gen Westen auf den nördlichen Teil der Insel Streymoy. Die Orientierung kann an dieser Stelle etwas schwierig sein. Wenn Sie sich jedoch rechts halten und ein Stück

Der See Leynarvatn gilt als beliebtes Angelrevier

am Hang des **Givrufjall** entlanglaufen, werden Sie bald die nächste Steinpyramide erblicken. Hier ist mit etwas Fantasie sogar der alte, grasbewachsene Trampelpfad erkennbar, der vom Berghang hinab ins Tal führt.

Es folgt eine gut markierte und einfach zu gehende Passage bis zu einer steilen Kante, die Sie nur mithilfe der Hände hinabklettern können. Während das Gelände in der Nähe des Berges **á Hálsi** noch einmal etwas abflacht, kommt linker Hand bereits das Tal **Kollafjarðardalur** mit den beiden kleinen Seen Mjáuvøtn in Sicht.

Wenig später stoßen Sie auf einen Zaun und wandern an seiner linken Seite 600 m lang bergab, bis geradeaus ein weiterer Zaun den Weg versperrt. Wenn Sie diesen überwunden haben, stehen Sie am Rand eines steilen Abgrunds. Die letzten 500 m bis ins Tal gestalten sich schwierig und lassen sich am besten in der Nähe des Zauns bewältigen, weil es dort die wenigsten Steine und Felsen gibt. Am Fahrweg angekommen, halten Sie sich rechts und gelangen 100 m später zum flachen Kiesstrand des Sees **Leynavatn** ❸.

Mit einem Ausmaß von 0,2 km² ist der **Leynavatn** der größte See der Insel Streymoy. Sein guter Bestand an Wildlachs und verschiedenen Forellenarten macht ihn außerdem zu einem äußerst beliebten Angelrevier. Der örtliche Sportfischerverein hat im Fluss Leynará vier **Lachstreppen** angelegt, die den Fischen den Weg zu ihren Laichplätzen erleichtern sollen. Diese können Sie ganz

Die alte Straße am Südufer des Sees ist seit 1977 für Fahrzeuge gesperrt

am Ende Ihrer Wanderung sehen, wenn der Fluss beim Ortseingang von Leynar direkt an der rechten Straßenseite entlangfließt.

Da es in unmittelbarer Nähe keine Bushaltestelle gibt, müssen Sie Ihre Wanderung noch ca. 2 km bis Leynar fortsetzen. Dazu laufen Sie hinauf zur alten Straße, die am Südufer des Sees entlangführt. Sie wurde bereits 1977 durch einen Tunnel ersetzt und ist seitdem für Fahrzeuge gesperrt. Einige Abschnitte sind steinschlaggefährdet und machen es erforderlich, dass Sie die schroffe Felswand zu Ihrer Linken gut im Auge behalten. Kurz hinter einer Schranke erreichen Sie die viel befahrene Hauptstraße Nr. 40 und folgen ihr 800 m bis zu einem Kreisel. Hier halten Sie sich halb links und kommen 200 m später zum Ortseingang von **Leynar** mit 🚌 Bushaltestelle.

12 Vom Kollafjarðardalur nach Leynar

Tour für Hobbygeologen und Naturliebhaber (Kinder) ((Kinder))

Die größte Herausforderung dieser überwiegend einfachen Tour besteht in dem 1,2 km langen Aufstieg vom Tal Kollafjarðardalur bis zur Höhenstraße Oyggjarvegur. Anschließend geht es auf einem gut erkennbaren, mit Steinpyramiden markierten Pfad bequem gen Westen. Fantastische Ausblicke auf schroffe Berge, grüne Hänge und pittoreske Dörfer laden immer wieder zum Verweilen und zum Fotografieren ein. Größte Attraktion der kleinen Ortschaft Leynar ist einer der schönsten Sandstrände der Färöer.

- Start/Ziel: Nationales Landwirtschaftszentrum Búnaðarstovan, Frammi í Dal 166, 410 Kollafjørður, GPS N 62°06.333' W 006°57.930'
- 10,4 km
- 3 Std. 45 Min.
- 626 m/626 m
- 0-260 m
- Für den weitgehend unmarkierten Aufstieg bis zur Höhenstraße Oyggjarvegur dient der Fluss Brekká als Orientierung. Anschließend weisen Steinpyramiden den Weg bis nach Leynar.
- Auf den ersten 1,2 km bis zur Höhenstraße gibt es Abschnitte ohne vorgegebenen Weg. Das Terrain ist grasbewachsen und stellenweise uneben. Dann führt ein deutlicher, teilweise feuchter Trampelpfad bis zum Wasserwerk oberhalb von Leynar. Die letzten 800 m Richtung Ortskern legen Sie auf kleinen Straßen zurück.
- Während der Wanderung gibt es keine Einkehrmöglichkeiten. Der nächste Imbiss befindet sich an der Tankstelle im Kollafjarðardalur, ca. 2 km vom Ausgangspunkt der Wanderung entfernt.
- Unterwegs sind keine Bänke oder Picknickplätze vorhanden. Für eine Pause bietet sich das Felsplateau Stórareyn an, das Sie bei einem kleinen Abstecher (ungefähr ab km 1,9) erreichen können.
- Die überwiegend einfache Tour ist für Kinder geeignet. Wenn Ihre Kinder noch im Grundschulalter sind, sollten Sie das Auto an der Höhenstraße Oyggjarvegur abstellen und sich den anstrengenden Aufstieg vom Tal sparen.
- P Am Startpunkt können Sie Ihr Auto kostenfrei parken.
- Die nächsten Bushaltestellen befinden sich kurz hinter dem Tunnelausgang am Kaldbaksvegur (Linien 300 und 400 von Tórshavn) sowie an der Tankstelle im

Kollafjarðardalur (Linie 300 von Tórshavn und Linie 100 von Leynar). Beide Haltestellen sind ca. 2 km vom Startpunkt der Wanderung entfernt.

- Um sich den steilen Anstieg vom Tal bis zum Oyggjarvegur zu sparen, können Sie das Auto auch in einer Parkbucht an der Höhenstraße abstellen. Die einfache Wanderung hat dann eine Länge von 8 km.
- Falls Sie den Weg nicht zurücklaufen möchten, nehmen Sie von Leynar die Buslinie 100 bis zur Tankstelle im Kollafjarðardalur. Dort steigen Sie entweder in die Linie 300 Richtung Tórshavn um oder laufen ca. 2 km an der Straße entlang bis zum Ausgangspunkt.

Vom Nationalen Landwirtschaftszentrum im **Kollafjarðardalur** laufen Sie ein kleines Stück zurück Richtung Hauptstraße und biegen dann gleich links in einen Schotterweg ein, der unterhalb des P Parkplatzes verläuft und 150 m später den Fluss **Brekká** erreicht. Am rechten Ufer geht es durch hohes Gras bergauf bis zur nächsten Schotterpiste, an der sich das Tor zur Außenmark befindet. Es folgt ein kräftiger Anstieg am Fluss entlang, der teilweise über einen erkennbaren Pfad und teilweise durch offenes Gelände führt. Nach 900 m erreichen Sie die Höhenstraße **Oyggjarvegur** (Inselweg) ❶, die früher die einzige Verbindung nach Tórshavn darstellte und bei starkem Nebel nicht befahren werden konnte. Erst 1992 entstand weiter unten im Tal eine wetterunabhängige Straße mit einem modernen Tunnel.

Wenn Sie sich den Anstieg aus dem Tal sparen möchten, können Sie das Auto in einer Haltebucht parken und hier mit Ihrer Wanderung beginnen.

Sie setzen Ihren Weg auf der anderen Straßenseite fort und nehmen einen Pfad, der nach wenigen Metern an einem kleinen Wasserfall endet. Nun müssen

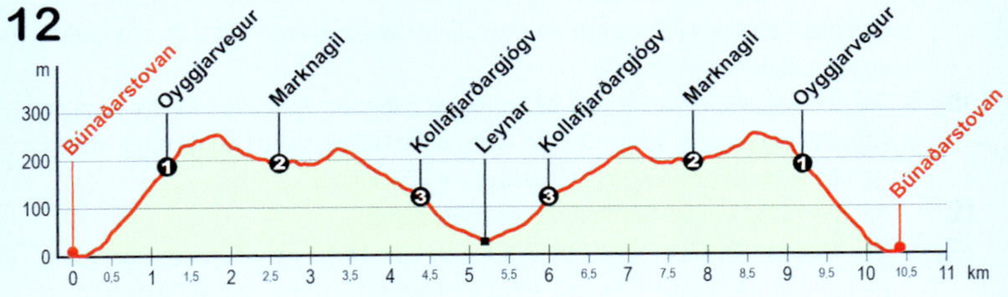

Sie rechts den Hang hinaufklettern und dabei eine gut sichtbare Steinpyramide ansteuern. Das Gelände flacht ab und schon bald kommt rechts der idyllische See **Skælingsvatn** (in manchen Karten auch **Tjørnin á Brekkunum**) in Sicht. Ein gut erkennbarer Pfad verläuft oberhalb des Sees Richtung Westen und endet 200 m später an einem Zaun Das mit zwei Steinpyramiden deutlich markierte Gatter befindet sich ein kleines Stück weiter links. Nachdem Sie es passiert haben, gehen Sie einige Schritte nach rechts bis zum Pfad zurück.

Linker Hand liegt das beeindruckende Felsplateau **Stórareyn**, zu dem Sie bei gutem Wetter einen kurzen Abstecher machen können. Es stellt eine Art natürliche Aussichtsplattform dar und eignet sich hervorragend als Picknickplatz.

Die offizielle Route durchquert die stellenweise etwas feuchte Hochebene und führt dabei sanft bergab. Im Süden ist unterhalb des mächtigen, 767 m hohen **Skælingsfjall** vorübergehend auch das winzige Dorf Skælingur zu sehen. Im Norden können Sie am Berg Sátan die geologische Formation **Streymoyar Sill** studieren.

Als **Sill** oder Lagergang bezeichnet man eine geologische Erscheinungsform vulkanischen Ursprungs, die immer dann entsteht, wenn das flüssige Magma nicht bis an die Erdoberfläche tritt, sondern unter der Erdoberfläche in die bereits vorhandenen Gesteinsschichten eindringt. Das dabei neu entstehende Gestein tritt erst zutage, sobald die darüberliegenden, älteren Gesteinsschichten durch Erosion abgetragen worden sind. Das **Streymoyar Sill** hat eine Ausdehnung von 13 km² und eine Tiefe von bis zu 50 m. Es beginnt am Berg Sátan und erstreckt sich Richtung Süden bis zum Berg Núgvan in der Nähe von Norðradalur.

Streymoyar Sill, Foto: Julian Thomsen

Nun wird das muntere Plätschern von Wasser hörbar und kurz darauf führt der Pfad hinab ins Bachbett des **Marknagil**. Mithilfe von einigen Steinen lässt sich das flache Wasser mühelos queren ❷. Weiter geht es rechts vom Tal am Berghang entlang, bis sich nach 500 m noch einmal ein schöner Ausblick bietet: Die farbenfrohen Häuser von Skælingur schmiegen sich dicht an den steilen Hang, während über ihnen der spitze Gipfel des Skælingsfjall thront.

Der Weg steigt ein letztes Mal spürbar an und schwenkt nach rechts, sodass sich der Blick Richtung Norden auf die Siedlungen Kvívík und Stykkið öffnet. Auf den verbleibenden 900 m bis zur Fahrstraße müssen Sie noch einige matschige

Der Strand von Leynar zählt zu den schönsten Sandstränden der Färöer

Stellen und kleine Wasserläufe durchqueren. Dann erreichen Sie die Schlucht **Kollafjarðargjógv** ❸ mit einem kleinen Wasserfall und einem Wasserwerk, von dem eine schmale Asphaltstraße steil bergab bis zu den ersten Wohnhäusern führt. An der T-Kreuzung biegen Sie rechts auf den Leynarvegur ab und laufen noch ca. 500 m weiter, bis Sie einen schönen Blick auf die Siedlung **Leynar** und den feinen Sandstrand haben.

↳ Wenn Sie mit dem Bus zurückfahren möchten, müssen Sie der Straße noch weitere 800 m bis zur 🚌 Bushaltestelle folgen.

Der Rückweg entspricht dem Hinweg und ist leicht zu finden. Achten Sie darauf, dass Sie hinter den letzten Häusern von Leynar links in die kleine Straße **Múlheiðar** abbiegen und ihr steil bergauf bis zum Wasserwerk folgen. Auch in der Nähe des **Skælingsvatn** ist Vorsicht geboten. Wenn Sie das etwas oberhalb des Pfades stehende Gatter passiert haben, müssen Sie sich halb links halten und in der Nähe des Sees weiterlaufen. Lassen Sie sich nicht durch die rechts stehenden Steinpyramiden irritieren, die den alten Fußweg nach Skælingur markieren!

⑬ „Fyri Vestan": Vom Skeiðsskarð nach Norðradalur

Tour für Naturliebhaber und Aussichtsgenießer

Der besondere Reiz dieser Tour besteht darin, dass sie nicht am tiefsten, sondern am höchsten Punkt der Route beginnt. Deshalb bietet sich gleich zu Beginn ein toller Panoramablick über Streymoy und Vágar, der sich später bis zu den Inseln Koltur, Hestur und Sandoy ausweitet. So ist es nicht verwunderlich, dass die NATO in den 1960er-Jahren ganz in der Nähe auf dem Berg Sornfelli eine Radarstation errichtete. Die Strecke ist bis auf drei kurze steile Passagen und den etwas unangenehmen Abstieg nach Norðradalur angenehm zu gehen.

⇆ Start/Ziel: Schotterplatz am Skeiðsskarð, GPS N 62°04.907' W 006°57.151'

14,6 km

5 Std. 40 Min.

↑↓ 694 m/694 m

⇧ 107-490 m

Die ersten 2,8 km bis kurz hinter dem Kamm Skoradalsegg sind nicht markiert. Dann stoßen Sie auf einen alten, von Skælingur kommenden Verbindungsweg und folgen den Steinpyramiden bis zur Innenmark von Norðradalur.

Nach 1,7 km auf einer holprigen Fahrstraße beginnt ein gut erkennbarer Trampelpfad, der Sie bis zum 2 km entfernten Kamm Vatndalsegg bringt. Die verbleibende Strecke bis Norðradalur müssen Sie ohne vorgegebenen Weg querfeldein zurücklegen.

Es sind keine Einkehrmöglichkeiten vorhanden.

Unterwegs gibt es keine Bänke oder Picknickplätze.

Aufgrund einiger ausgesetzter und steiniger Stellen ist die Tour für Kinder unter 10 Jahren nicht zu empfehlen.

P Den Startpunkt erreichen Sie, indem Sie von der alten Höhenstraße Oyggjarvegur auf die schmale Straße zur ehemaligen NATO-Station Sornfelli abbiegen und diese ca. 1,5 km bis zu einer scharfen Linkskurve hinauffahren. Dort zweigt eine holprige Schotterpiste ab, in deren unmittelbarer Nähe Sie Ihr Auto abstellen können.

Der Ausgangspunkt ist mit öffentlichen Verkehrsmitteln nicht zu erreichen.

Der Abstieg nach Norðradalur gestaltet sich stellenweise schwierig und bietet keine wirklich neuen Ausblicke. Sie können die Wanderung um ca. 5 km verkürzen, indem Sie hinter dem Vatndalsegg umkehren, statt ins Tal Oman fyri Stígar hinabzusteigen und bis nach Norðradalur zu laufen.

Wenn Sie bis Norðradalur absteigen, können Sie für den Rückweg auch ein Taxi bestellen, z. B. Auto, ☏ +298/36 36 36, oder Bil, ☏ +298/32 32 32.

Vom „Parkplatz“ am **Skeiðsskarð** folgen Sie der holprigen Fahrstraße 1,7 km bergab in südwestliche Richtung. Dabei haben Sie eine schöne Aussicht auf den 767 m hohen Skælingsfjall und die Ostküste der Insel Vágar. Wenn sich der Blick auf die Ortschaft Vestmanna öffnet und große Felsbrocken den Wegesrand säumen, heißt es aufgepasst: An einer kleinen Ausweichbucht ❶ verlassen Sie den Fahrweg, gehen links ins Gelände und steuern auf einen gut erkennbaren Trampelpfad zu, der etwas oberhalb am Hang entlangführt. Er bringt Sie durch ein steiniges Gebiet zum 700 m entfernten Kamm **Skoradalsegg** und steigt dabei auf dem letzten, stark ausgesetzten Abschnitt kräftig an. Bevor es wieder bergab geht, können Sie den Blick auf den sagenumwobenen, 313 m hohen Monolithen **Trøllkonufingur** (Hexenfinger, ☞ Tour 19) genießen, der an der Ostküste von Vágar steil aufragt.

Blick auf die Ostküste der Insel Vágar

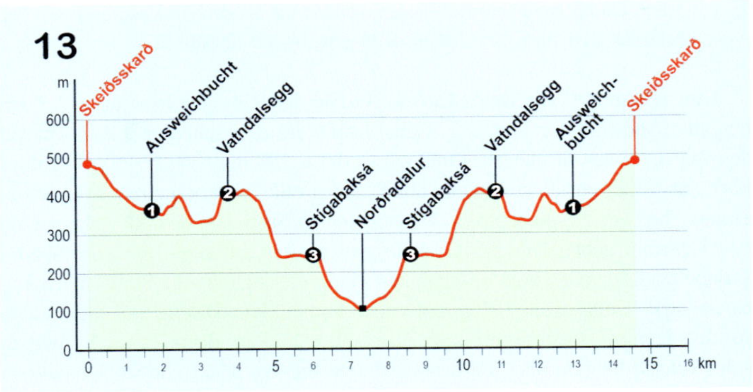

Auf den folgenden 100 m verschwindet der Pfad, kommt aber schnell wieder zum Vorschein, wenn Sie einfach am Hang entlang geradeaus weiterlaufen. 300 m später gelangen Sie zu einer außergewöhnlich prächtigen Steinpyramide und stoßen auf den alten Fußweg, der früher die beiden Dörfer Skælingur und Norðradalur miteinander verband. Kurz nach der Durchquerung des kleinen Baches **Hálá** beginnt ein erneuter Aufstieg durch stellenweise matschiges Terrain. Die letzten 200 m bis zum Kamm **Vatndalsegg** ❷ sind zwar steil, aufgrund der schön angelegten Serpentinen aber nicht schwierig zu bewältigen. Nun sehen Sie links die weißen Kuppeln der ehemaligen ⌘ NATO-Station auf dem 749 m hohen Sornfelli und rechts den sagenumwobenen Hügel Stroyisklettur. Draußen im Meer liegen die Inseln Koltur, Hestur und Sandoy.

1963 errichtete die NATO auf dem **Sornfelli** Radaranlagen, die den Flug- und Seeverkehr im Nordatlantik überwachten und zur Kette der Frühwarnstationen rund um den nördlichen Polarkreis gehörten. Im Inneren des Berges befanden sich zahlreiche Räume, in denen die Mitarbeiter ihrer täglichen Arbeit nachgingen. Die Aktivitäten auf dem Sornfelli waren vielen Färingern ein Dorn im Auge und lösten immer wieder Protestaktionen aus. 2010 gab die NATO die Station endgültig auf. Ein Radar ist jedoch noch in Betrieb und überwacht den Luftraum für zivile Zwecke.

Eine tragische Geschichte rankt sich um den Hügel **Stroyisklettur**. Eines Tages gerieten die Bauern von Skælingur und Norðradalur in Streit, weil beide Besitzansprüche auf das Gebiet Skorðadalur erhoben. Der Konflikt eskalierte und endete in einem verbitterten Kampf, bei dem der Bauer aus Norðradalur getötet wurde. Er hieß Stroyur und wurde auf dem Hügel begraben, der heute seinen Namen trägt.

Der alte Verbindungsweg nach Norðradalur folgt der kürzesten Strecke und steigt deshalb vom Vatndalsegg geradeaus ins Tal Oman fyri Stígar hinab. Sie sollten es sich jedoch nicht entgehen lassen, zunächst dem rechts am Kamm entlangführenden Pfad zu folgen und während dieses Abstechers den Blick auf die kleinen Seen im Tal sowie auf die Inseln Koltur, Hestur und Sandoy zu genießen. Wenn Sie auf dem Kamm ca. 1 km – oder je nach Belieben auch länger – gen Süden gewandert sind, bieten sich Ihnen für das weitere Vorgehen verschiedene Möglichkeiten. Sie können Ihre Tour an dieser Stelle beenden und auf demselben Weg nach Skeiðsskarð zurückkehren. Dann sparen Sie sich den relativ steilen Abstieg nach Norðradalur und auf dem Rückweg auch den Anstieg.

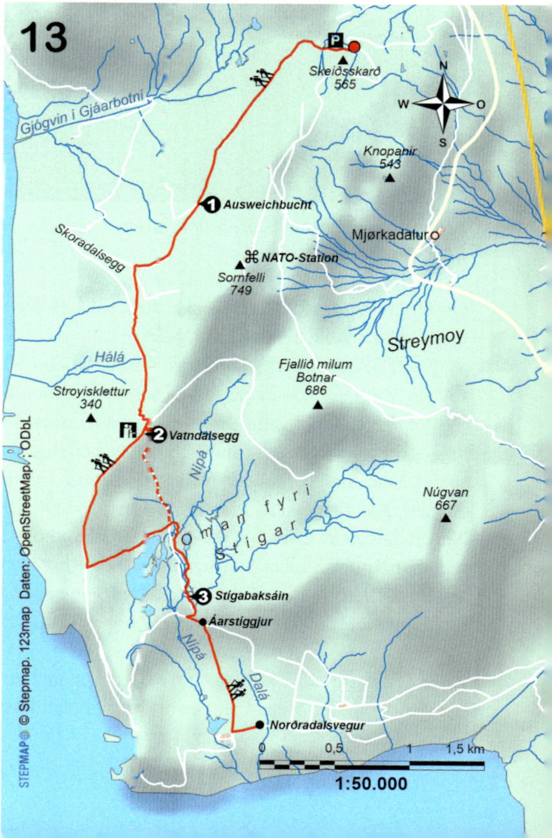

Falls Sie die Wanderung bis Norðradalur fortsetzen möchten, müssen Sie nicht zum Vatndalsegg zurückzugehen. Stattdessen bietet es sich an, einfach querfeldein den Hang hinab ins Tal **Oman fyri Stígar** zu laufen und dabei auf die markanten Felsbrocken am nördlichen Ende des großen Sees zuzuhalten. Beim anschließenden Durchqueren des Tals ist

Steinpyramiden markieren den alten Verbindungsweg zwischen Skælingur und Norðradalur

die Orientierung etwas verzwickt, aber solange Sie sich links vom See und vom direkt daneben fließenden Bach halten, kann nichts schiefgehen.

Nach 600 m durch sumpfiges Terrain stoßen Sie auf den Fluss **Stígabaksáin** ❸, der von links kommend in den Fluss Nípá mündet.

Wenn Sie den Stígabaksá ca. 50 m weiter oberhalb – und zwar am besten barfuß! – durchwatet haben und sich weiter geradeaus halten, erreichen Sie 100 m später eine Steinpyramide. Nun geht es auf einem gut erkennbaren Pfad den Abhang **Áarstíggjur** ca. 250 m steil bergab. Die letzten 800 m bis zur Straße Norðradalsvegur legen Sie dann ohne Pfad und ohne richtungsweisende Steinpyramiden zurück, indem Sie sich einen möglichst trockenen Weg geradeaus hinab ins Tal suchen. Auf der Fahrstraße angekommen, können Sie ihr noch ca. 100 m Richtung **Norðradalur** folgen, bis ein hohes Gatter den Weg versperrt.

Falls Sie nicht zu Fuß zum Ausgangspunkt zurückkehren möchten, sollten Sie sich an dieser Stelle von einem Taxi abholen lassen.

⑭ Rundtour durch das Naherholungsgebiet von Tórshavn

Tour für Stadtpflanzen und Pferdefreunde

Die kurze, familienfreundliche Tour umrundet auf schön angelegten Fußwegen die beiden Hügel Fjallið und Lítlafjall und bietet dabei einen imposanten Blick über die ständig wachsende Hauptstadt Tórshavn mit ihrem historischen Stadtkern und den modernen Neubauvierteln. Unterwegs passieren Sie ein Reitsportzentrum und bekommen vielleicht sogar ein echtes färöisches Pferd zu Gesicht.

- Start/Ziel: 62°N Guesthouse Marknagil, Janusargøta 1, 100 Tórshavn, GPS N 62°00.454' W 006°48.084'
- 5,3 km
- 1 Std. 50 Min.
- ↑↓ 163 m/163 m
- 105-219 m
- Der Weg ist nicht markiert, aber einfach zu finden.
- Die Tour verläuft auf einem schön angelegten Fußweg.
- Es gibt unterwegs keine Einkehrmöglichkeiten.
- Am Wegesrand laden zahlreiche Bänke zu einer Rast ein.
- Die kurze, einfache Tour ist für Kinder im Grundschulalter gut geeignet.
- P Am Startpunkt befindet sich ein kostenfreier Parkplatz.
- In unmittelbarer Nähe des Startpunktes halten die kostenlosen Stadtbusse der Linien 3, 4 und 6 (Haltestelle „Marknagil/Glasir").

Vom P Parkplatz am 62°N Guesthouse kommend laufen Sie zur Ringstraße Marknagilsvegur hinauf, wechseln an der Ampel die Straßenseite, gehen 50 m nach rechts und biegen direkt vor dem eckigen, schwarzen Haus Nr. 7 links auf einen Pfad ab, der schnurgerade bergauf führt. Nach gut 300 m passieren Sie ein Tor zur Utmark, dem kurz darauf noch ein zweites Tor folgt. Ca. 150 m später haben Sie den Einstieg in den Rundweg erreicht und wandern auf dem schön angelegten Fußweg rechts weiter. Nach 600 m queren Sie einen kleinen Bachlauf und biegen kurz darauf an einer Bank links ab ❶.

An weiteren Bänken und kleinen Steinpyramiden vorbei wandern Sie mäßig den Hang hinauf, begleitet von zwitschernden Vögeln und grasenden Schafen. An der nächsten **T-Kreuzung** ❷ führt die Route nach links ins Tal hinab, umrundet dabei den 222 m hohen Hügel Fjallið und kommt nach ca. 1 km zum Reitsportzentrum **Tølthøllin**.

Das **färöische Pferd** (*føroysk ross*) ist eng mit dem Islandpferd verwandt, stellt aber eine eigenständige und weltweit einzigartige Rasse dar. Die kleinwüchsigen, gutmütigen Tiere gelten als extrem widerstandsfähig, robust und genügsam. Sie beherrschen ebenso wie die Islandpferde die fünf Gangarten Schritt, Trab, Tölt, Pass und Galopp. Zu Beginn der 1960er-Jahre galt die färöische Pferderasse bis auf einen Hengst und vier Stuten als ausgestorben. Die in letzter Sekunde begonnene, systematische Zucht hat dafür gesorgt, dass heute wieder ca. 75 dieser seltenen Tiere auf den Färöern leben.

Nun biegen Sie links ab und folgen der Asphaltstraße **Reiðgøta** ca. 100 m, dann halten Sie sich direkt vor dem Pfadfinder-Areal links und nehmen 150 m später an der Gabelung den links abzweigenden Fußweg. Der Blick öffnet sich schon bald auf den Stadtteil Argir und die vorgelagerte Insel Nólsoy (☞ Tour 16), dann kommt auch die Hauptstadt **Tórshavn** in Sicht. Markanter Blickfang ist

Blick auf Tórshavn

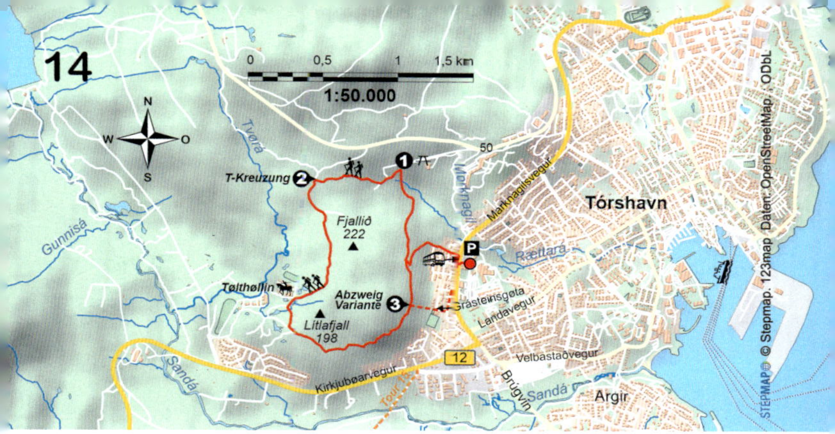

das neue Schulzentrum am Marknagilsvegur mit dem runden Glasbau des Gymnasiums (Glasir). Am Horizont ragt außerdem die Südspitze der Insel Eysturoy auf.

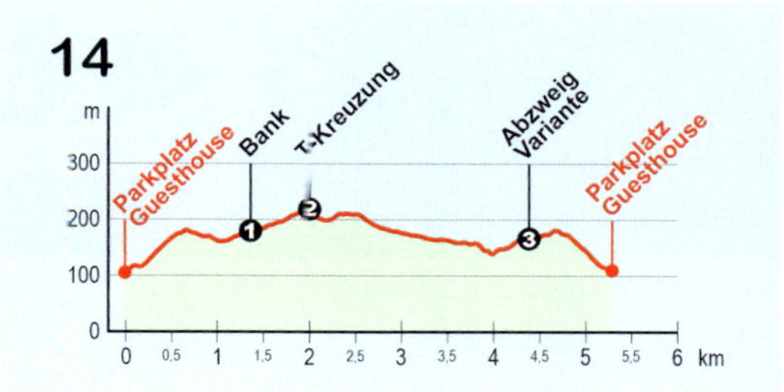

In der ständig wachsenden Metropolregion **Tórshavn** leben mit knapp 20.000 Einwohnern aktuell etwa 40 % der färöischen Bevölkerung. Die Stadt wurde 1075 n. Chr. erstmals urkundlich erwähnt und gehört somit zu den ältesten Hauptstädten Europas. Das historische Stadtzentrum liegt auf der kleinen Halbinsel ⌘ Tinganes, auf der schon zur Landnahmezeit das Thing – die typisch germanische Gerichtsversammlung der freien Männer – abgehalten wurde. Später hatte der dänische Monopolhandel hier seinen Sitz. Heute befinden sich in den roten Gebäuden an der Landspitze verschiedene Ministerien der Regierung. Enge Gassen und kleine Holzhäuser mit urtümlichen Grasdächern machen den besonderen Reiz des malerischen Viertels aus. Zwischen der alten Bebauung aus dem 17. und 18. Jahrhundert ragt die ab 1788 errichtete ✝ Stadtkirche Havnar Kirkja hervor. Sehenswert sind auch die beiden pittoresken ⚓ Häfen Vestaravág und Eystaravág, die sich an der West- und Ostseite der Halbinsel Tinganes erstrecken.

Blick auf Tórshavn und die Halbinsel Tinganes

↬ Wer die Herausforderung liebt, kann den bequemen Fußweg ca. 250 m später verlassen ❸ und rechts zu einer Zauntreppe hinablaufen. Nach einem sehr steilen Abstieg mündet diese Alternative an einem kleinen Fußballplatz in die Grásteinsgøta und stößt etwa 300 m südlich vom Ausgangspunkt auf den Marknagilsvegur.

Die offizielle Route führt noch 300 m weiter geradeaus, dann ist der kleine Rundweg beendet und es geht auf der bereits bekannten Strecke zurück bis zum Ausgangspunkt am 62°N Guesthouse.

⑮ Von Tórshavn nach Kirkjubøur

Tour für Kultur- und Geschichtsinteressierte (Kinder)

Diese äußerst beliebte Route verbindet die beiden wichtigsten kulturellen Zentren der Färöer miteinander. Während in Tórshavn das moderne Leben pulsiert, besticht Kirkjubøur durch mittelalterliche Gebäude und historischen Charme. Zu Beginn und gegen Ende der Wanderung geht es mäßig bergauf und bergab, der mittlere Abschnitt über die Hochebene ist hingegen flach und sehr bequem zu gehen.

⇆ Start/Ziel: Infotafel Gamli Velbastaðvegur, 100 Tórshavn, GPS N 62°00.005' W 006°48.446'

12,8 km

4 Std. 15 Min.

↑↓ 482 m/482 m

⇧ 0-247 m

Der Weg ist durchweg mit Holzpfählen oder Steinpyramiden markiert.

Die Tour verläuft über weite Strecken auf einem gut erkennbaren Pfad. Die ersten 550 m bis zur Außenmark sowie der letzte Kilometer vor Kirkjubøur werden auf Asphalt und Schotter zurückgelegt.

Es sind unterwegs keine Einkehrmöglichkeiten vorhanden.

Am Wegesrand gibt es keine Bänke oder Picknickplätze.

Die einfache Tour ist auch für Kinder gut geeignet, allerdings bietet es sich mit Kindern im Grundschulalter an, mit dem Bus zurückzufahren.

P Am Startpunkt können Sie Ihr Auto kostenfrei abstellen.

Am Startpunkt befindet sich die Bushaltestelle „Gamli Velbastaðvegur", an der die kostenlosen Stadtbusse der Linien 2, 5 und 7 halten.

Wenn Sie den Weg nicht zurücklaufen möchten, können Sie von Kirkjubøur mit dem kostenlosen Stadtbus der Linien 7 nach Tórshavn zurückkehren.

Am Startpunkt in **Tórshavn** steht eine Infotafel, die den Wanderweg nach Kirkjubøur detailliert beschreibt. Dort biegen Sie links auf den Gamli Velbastaðvegur und gleich darauf rechts auf die Straße **Við Sandá** ab, die Sie hinab ins Tal bringt und nach 550 m an einem großen Gehöft mit roten Gebäuden endet. Von hier führt ein Pfad geradeaus über die Wiese bis zu einem 200 m entfernten Tor. Jetzt haben Sie die Außenmark erreicht und wandern an Steinpyramiden entlang mäßig bergauf.

Wenn Sie zurückblicken, bietet sich Ihnen eine schöne Aussicht auf Tórshavn und die kleine Insel Nólsoy.

Nach 500 m mit steinigen und feuchten Abschnitten erreichen Sie die Anhöhe mit einer Weggabelung und einem Wegweiser. Der ca. 3 km lange und sehr gut markierte alte Verbindungsweg nach Velbastaður zweigt hier nach rechts ab, während die Route nach Kirkjubøur sich geradeaus fortsetzt. Nun flacht das Gelände ab und Sie laufen auf einem angenehmen, außergewöhnlich breiten Pfad ca. 3 km über die Hochebene. Rechter Hand bildet der Fluss Breiðá idyllische kleine Seen und in unmittelbarer Nähe liegt die historische Versammlungsstätte ⌘ **Reynsmúlalág** ❶. Zwischen 1895 und 1940 fanden hier eine Reihe von Zusammenkünften statt, die eng mit der Jugendbewegung und der Nationalbewegung verbunden waren. Von einem Steinpodium hielten damals einflussreiche und angesehene Persönlichkeiten patriotische Reden. Während der Pfad gen Süden verläuft, haben Sie einen schönen Ausblick auf die Ortschaft Velbastaður und die Inseln Koltur, Hestur und Vágar. Sie passieren ein Tor und 700 m später auch noch eine kleine Pforte ❷.

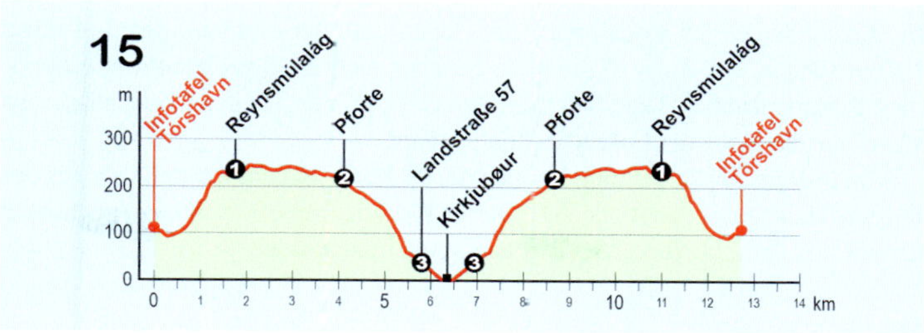

Anschließend wendet sich der Weg leicht nach links und führt weiter um den 351 m hohen Berg **Kirkjubøreyn** herum, sodass auch die Insel Sandoy mit dem Fährhafen Skopun in Sicht kommt. Bis zum nächsten Tor geht es auf steinigem Untergrund spürbar bergab.

Tief unten an der Küste ist nun der Fähranleger **Gamlarætt** zu sehen und 200 m später erblicken Sie vor sich schon die ersten Häuser von Kirkjubøur. Holzpfähle weisen den weiteren Weg, der sich in Serpentinen den Grashang hinabschlängelt und nach 250 m in einen Schotterweg mündet. Einem Schild mit Pfeil folgend wenden Sie sich nach links, biegen aber 50 m später vor den ersten Häusern halb rechts ab und laufen auf einem Pfad bis zu einer Pforte und dann weiter geradeaus zur Straße Inni á Fjósi. 80 m später geht es rechts hinab zur Landstraße Nr. 57 ❸. An der nächsten Weggabelung halten Sie sich halb rechts und folgen dem **Gamlivegur** 600 m bis zu einem P Parkplatz mit Bushaltestelle. Von hier sind es nur wenige Schritte zu den interessanten ⌘ Sehenswürdigkeiten von **Kirkjubøur**.

Im Mittelalter befand sich in Kirkjubøur das religiöse, geistige und kulturelle Zentrum der Färöer. Ältestes Zeugnis dieser Blütezeit ist die kleine, vermutlich 1111 n. Chr. geweihte ✞ **Olafskirche**. Nach umfassenden Renovierungsarbeiten erstrahlt sie heute in neuem Glanz. Das moderne Altarbild stammt von dem berühmten färöischen Maler Sámal Joensen-Mikines und zeigt Jesus, wie er über das Wasser schreitet. Bei Ausgrabungen in den 1960er-Jahren fand man in der Kirche u. a. eine wertvolle Münzsammlung und zwei Bischofsgräber.

Das spektakulärste Bauwerk Kirkjubøurs ist die 26 x 10 m große Ruine der nie vollendeten, gotischen ✞ **Magnuskathedrale**. Bauherr Bischof Erlendur (1269-1308) trieb die Steuern für den Kirchenbau so weit in die Höhe, dass die Bevölkerung aufbegehrte. Der Sage nach floh er vor den aufgebrachten Menschen auf die Kirchenmauer, fiel jedoch nach drei Tagen herunter und fand den Tod. Etwa 100 m südlich der Magnuskathedrale befinden sich die Reste einer mittelalterlichen ✞ **Marienkirche**. Wilde Stürme rissen einen großen Teil des Gotteshauses ins Meer, nur die Nordwand blieb bis heute stehen.

Von historischer Bedeutung ist auch der ⌘ **Königsbauernhof**, der als eines der ältesten Holzhäuser der Welt gilt. Die in Blockbauweise errichtete Rauchstube stammt aus der Zeit vor 1350 und kann besichtigt werden.

Der Königsbauernhof gilt als eines der ältesten Holzhäuser der Welt

Nachdem Sie die Sehenswürdigkeiten des geschichtsträchtigen Ortes ausgiebig erkundet haben, geht es auf demselben Weg zurück nach Tórshavn. Alternativ können Sie auch mit dem kostenlosen Stadtbus der Linien 7 in die Hauptstadt zurückkehren.

16 Von Nólsoy zum Leuchtturm Nólsoyarviti

Tour für Liebhaber von Leuchttürmen

Diese ausgedehnte, aber weitgehend einfache Wanderung führt an der Westseite der Insel Nólsoy entlang zum 1893 errichteten Leuchtturm Nólsoyarviti. Vom Fähranleger geht es zunächst 2 km mäßig bergauf, bis das Gelände abflacht und Sie mit einem herrlichen Blick auf das Dorf Nólsoy, die Hauptstadt Tórshavn sowie die Inseln Eysturoy und Sandoy über die Hochebene laufen.

- Start/Ziel: Infotafel am Fährhafen Nólsoy, GPS N 62°00.378' W 006°40.328'
- 14,8 km
- 5 Std.
- 429 m/429 m
- 0-227 m
- Der Weg ist mit blauen Holzpfählen und Steinpyramiden gut markiert.
- Die Wanderung zum Leuchtturm verläuft auf einem gut erkennbaren Trampelpfad, der nur an einigen sumpfigen Stellen vorübergehend verschwindet. Der kleine Spaziergang durch das Dorf Nólsoy führt über Asphaltstraßen.
- Unterwegs sind keine Einkehrmöglichkeiten vorhanden, im Dorf Nólsoy gibt es aber einen kleinen Supermarkt und ein Café.
- Am Beginn des Pfades nach Nólsoyarviti befindet sich beim alten Wasserreservoir ein Picknickplatz (km 0,5 bzw. 13,3). Außerdem stehen am Ortseingang von Nólsoy direkt am Wasser mehrere Picknickbänke.
- Die Tour ist bis auf wenige Passagen einfach zu gehen, aufgrund ihrer Länge und des erforderlichen Durchhaltevermögens aber trotzdem nicht für Kinder unter 10 Jahren zu empfehlen.
- P Es macht keinen Sinn, mit dem Auto nach Nólsoy überzusetzen.
- Die Fährlinie 90 verkehrt bis zu 7x täglich zwischen Tórshavn (Fähranleger Bursatangi) und Nólsoy, die Überfahrt dauert 30 Min. und kostet für Fußgänger DKK 40.

Von der Informationstafel am Fährhafen **Nólsoy** laufen Sie bis zur Hauptstraße bergauf, halten sich an der T-Kreuzung rechts, passieren den Friedhof und kommen 350 m später zum Tor in die Außenmark. An einer schönen Trockensteinmauer entlang geht es noch 50 m geradeaus, bevor der mit blauen Holzpfählen markierte Pfad links abzweigt und schräg den Hang hinaufführt.

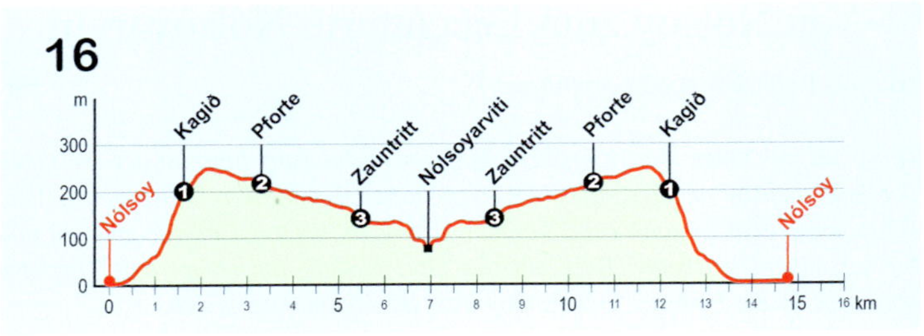

Hier befindet sich vor den Gebäuden des alten **Wasserreservoirs** ein ⩚ Picknickplatz mit Bänken. Bald kommen auch die ersten Steinpyramiden in Sicht.

Lassen Sie sich nicht irritieren, wenn 300 m später die alten Steinpyramiden oberhalb eines Gebäudes stehen, während die blauen Holzpfähle etwas weiter unterhalb verlaufen. Egal welcher Markierung Sie folgen, beide Wege treffen nach kurzer Zeit wieder aufeinander. Der bislang mäßige Aufstieg wird vor **Oyggjarmúli** für etwa 100 m durch ein steiles und schwieriges Stück abgelöst, bei dem Sie gegebenenfalls die Hände zur Hilfe nehmen sollten. Dann haben Sie die größte Herausforderung bereits geschafft, denn im weiteren Verlauf muss nur noch eine Steinstufe überwunden werden.

Von einer besonders prächtigen Steinpyramide bei **Kagið** ❶ bietet sich ein weiter Blick über das Dorf Nólsoy, die Hauptstadt Tórshavn und den südlichen Teil der Insel Eysturoy. Es ist deshalb nicht verwunderlich, dass die Menschen früher bei Piratenangriffen zu dieser Stelle liefen und Ausschau hielten, ob die gefürchteten Seeräuber schon wieder davongesegelt waren.

Mit 373 km² ist **Streymoy** die größte Insel der Färöer, auf der mit ca. 24.000 Einwohnern 46 % der Gesamtbevölkerung leben. Davon entfallen allein auf die Hauptstadt Tórshavn mit den beiden Vororten Argir und Hoyvík knapp 20.000 Bewohner. Zur Region gehören auch die kleinen Nachbarinseln Nólsoy (ca. 225 Einwohner), Hestur (ca. 20 Einwohner) und Koltur (1 Einwohner).

400 m später erreichen Sie die Hochebene und wandern für 3,3 km am Hang **Langabrekka** entlang durch stellenweise feuchtes und sumpfiges Terrain. Auch wenn der Trampelpfad zwischenzeitlich verschwindet, ist die Orientierung auf-

grund der guten Kennzeichnung einfach. Steinpyramiden und blaue Holzpfähle weisen den Weg, der unterhalb der Berge Eggjarklettur (372 m) und Skúvafjall (234 m) Richtung Südosten verläuft. Unterwegs haben Sie eine schöne Aussicht auf die Insel Sandoy und passieren eine leuchtend **orangene Pforte ❷**.

Wenn der Berghang des **Skúvafjall** 2 km später zurückweicht, geht es über einen **Zauntritt ❸** in ein sumpfiges Gebiet mit kleinen Gräben. 700 m danach reicht der Hang des 152 m hohen Líðarfjall bis an den Weg heran, und geradeaus kommen die Spitzen von zwei Masten in Sicht. Nun sind es noch 400 m bis zu einer kleinen Anhöhe, von der aus Sie schon das ehemalige Wohnhaus des Leuchtturmwärters erblicken können.

Die letzten 300 m bis zu diesem rot-weiß gestrichenen Anwesen und dem dahintergelegenen Leuchtfeuer **Nólsoyarviti** laufen Sie spürbar bergab. Besichtigungen sind nur möglich, wenn der Leuchtturmwärter vor Ort ist und Führungen anbietet. Feste Öffnungszeiten gibt es leider nicht.

Höhepunkt der Tour ist der Leuchtturm Nólsoyarviti

Als der Leuchtturm und das dazugehörige Wärterhaus 1893 aus behauenen Feldsteinen errichtet wurden, galt dies als wahre Meisterleistung. Mit einem Gewicht von 4 t, einem Durchmesser von 2,82 m und einer Sichtweite von bis zu 30 km gehört der Linsenapparat des Leuchtfeuers auch heute noch zu den größten der Welt. Vor der Automatisierung des Betriebs lebten in Nólsoyarviti bis zu 30 Personen, darunter auch zehn Kinder. Deshalb gab es an diesem entlegenen Ort früher sogar eine winzige Schule.

Der Rückweg ist mit dem Hinweg identisch und einfach zu finden. Der einzige Knackpunkt besteht darin, nach ca. 5 km die Hochebene an der richtigen Stelle zu verlassen und den abwärtsführenden Trampelpfad zu finden. Wenn Sie die Augen offen halten, sehen Sie dort jedoch ein Schild mit einem Pfeil, das bei der Orientierung hilft.

Falls Sie bis zur Abfahrt der Fähre noch Zeit haben, sollten Sie sich einen kleinen Spaziergang durch das malerische Dorf **Nólsoy** nicht entgehen lassen. Dazu gehen Sie kurz hinter dem Friedhof nicht zum Fährhafen hinab, sondern laufen geradeaus auf der Korndalsgøta weiter.

Kurz hinter einem kleinen Supermarkt können Sie halb links in die Straße í Túni abbiegen und Ihren Rundgang an einigen alten, grasgedeckten Häusern vorbei bis zur Kirche fortsetzen. Dann geht es rechts die Kongsstovubrekka hinauf und in einem Bogen über die Straßen Pálsgøta und í Geilini zurück zum Supermarkt. In unmittelbarer Nähe befinden sich mehrere schöne Picknickbänke sowie eine öffentliche Toilette. Im Dorf gibt es auch ein Café.

Der beschauliche Ort Nólsoy

Maggie's, Válagøta 26, 270 Nólsoy, ☏ +298/32 71 99, www.maggies.fo, Mitte Mai-Mitte Aug Mo-Sa ab 13:00, So ab 14:00, in der Nebensaison Sa ab 13:00, So ab 14:00

Vágar

Am Pass á Skarði, Tour 18

17 Von Gásadalur über den Fjallavatn nach Vatnsoyrar

Tour für Freunde von luftigen Höhen und stillen Seen (👪 👪)

Die anspruchsvolle Tageswanderung setzt sich aus zwei ganz unterschiedlich geprägten Teilstrecken zusammen. Der erste Abschnitt von Gásadalur zum See Fjallavatn ist durch steile An- und Abstiege gekennzeichnet und erfordert Trittsicherheit und Kondition. Hier kommen geübte Bergwanderer auf ihre Kosten und werden für die Mühen mit einem fantastischen Panoramablick über die Gipfel Vágars und Streymoys entschädigt. Es folgt ein angenehmer, familienfreundlicher Spaziergang am Ufer des Fjallavatn entlang bis nach Vatnsoyrar.

→ Start: Parkplatz in Gásadalur, GPS N 62°06.622' W 007°26.220';
Ziel: Bushaltestelle Vatnsoyrar, GPS N 62°04.351' W 007°14.953'

16,3 km

6 Std.

↑↓ 652 m/699 m

⇧ 29-589 m

Die Route ist über weite Strecken mit traditionellen Steinpyramiden markiert, die aber nicht immer gut sichtbar sind. Ein ausgeprägtes Orientierungsvermögen ist deshalb erforderlich.

Auf den ersten 9 km bis zum Fjallavatn gibt es Passagen mit einen gut erkennbaren Trampelpfad, aber auch mehrere Abschnitte ohne vorgegebenen Weg. Am See angekommen, laufen Sie bequem über eine Fahrspur, einen breiten Pfad sowie die Straße bis nach Vatnsoyrar.

Das einzige Café befindet sich am Ausgangspunkt in Gásadalur.

Bänke gibt es nur auf den letzten 3 km vor Vatnsoyrar.

Aufgrund einiger sehr steiler Stellen ist der erste Teil der Wanderung für Kinder nicht geeignet. Eine familienfreundliche Alternative führt in umgekehrter Richtung von Vatnsoyrar bis zum See Fjallavatn.

P Am Startpunkt gibt es einen kostenfreien Parkplatz.

Es besteht die Möglichkeit, mit der Linie 300 ab Tórshavn (bis zu 10 Abfahrten täglich) bis Sørvágur fahren. Von dort verkehrt die Linie 350 werktags 1-2x nach Gásadalur, muss aber vorbestellt werden, ☎ +298/77 00 00. Alternativ können Sie von Sørvágur ein Taxi nehmen, z. B. Olsen taxi, +298/28 34 35. Vom Endpunkt in Vatnsoyrar fährt die Buslinie 300 wahlweise nach Sørvágur oder nach Tórshavn.

Da sich die Bushaltestelle nicht direkt an der Hauptstraße befindet, sollten Sie bei Ankunft des Busses durch deutliches Winken auf sich aufmerksam machen. Falls Ihr Auto in Gásadalur steht, müssen Sie für letzten 10 km ab Sørvágur ein Taxi bestellen.

Eine einfache, familienfreundliche Variante der Wanderung führt in umgekehrter Richtung von Vatnsoyrar bis zum Fjallavatn (Hin- und Rückweg ca. 14 km). Wenn Sie die ersten 2,8 km bis zu einem kleinen Parkplatz mit dem Auto zurücklegen, können Sie die Strecke sogar auf ca. 8 km verkürzen und problemlos mit Grundschulkindern in Angriff nehmen.

Alte Häuser in Gásadalur

Gásadalsgarður, Longubreyt, 387 Gásadalur, April-Sep täglich 11:00-16:00

Vom Parkplatz in **Gásadalur** führt ein kleiner Pfad zur Dorfstraße Gerðisvegur, der Sie bergauf durch den winzigen Ort bis zum letzten, rot gestrichenen Haus folgen. Hier beginnt ein holpriger Fahrweg, der 250 m später an einem offenen Schafspferch endet. Sie laufen durch das offene Gemäuer hindurch, passieren eine Weide mit Gallowayrindern und wandern an vereinzelten, kleinen Steinpyramiden entlang ins Tal hinein. Der stellenweise erkennbare Pfad verläuft über leicht hügeliges, sumpfiges Terrain und erreicht am Bach **Dalá** einen verfallenen Schafspferch ❶.

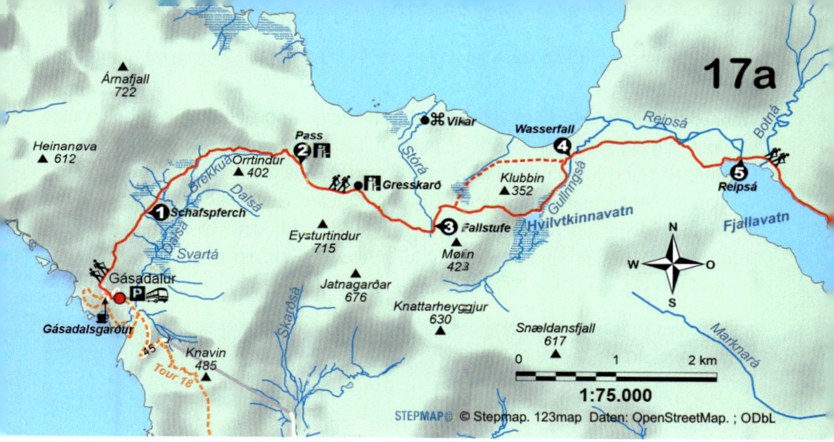

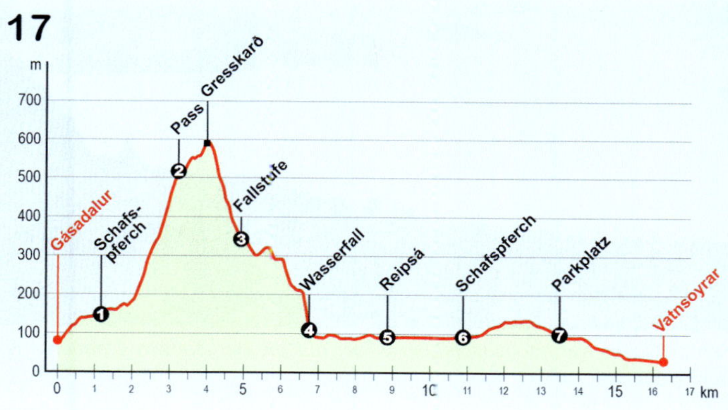

Zu dem Trampelpfad gesellt sich nun eine weiter rechts liegende Fahrspur, während in der Mitte zwischen beiden Wegen die alten Steinpyramiden stehen. Egal, welche dieser drei Alternativen Sie wählen – wenn Sie nach 1 km am Ende des Talkessels ankommen, müssen Sie die dort platzierte Steinpyramide ansteuern. Nun geht es rechts ins Tal hinein und über Steine bzw. Geröll bergauf. Nach 300 m vereint sich der Trampelpfad für kurze Zeit mit der Fahrspur, führt aber schon 200 m später links bergauf, während die Fahrspur eine kleine Schleife macht. Am nächsten, noch etwas weiter links stehenden Steinmann beginnt ein angenehmer Abschnitt auf einem in schönen Serpentinen angelegten Graspfad.

Wenn der Untergrund dann zunehmend mit Steinen und Felsbrocken durchsetzt ist, lässt sich der Weg kaum noch ausmachen, Steinpyramiden helfen jedoch bei der Orientierung und führen oberhalb des Flusses **Brekkuá** zielstrebig zum Pass ❷.

Von der Anhöhe laufen Sie ca. 100 m geradeaus weiter bis zur anderen Seite und haben dann einen beindruckenden Blick auf den 1833 gegründeten, jedoch 1932 wieder aufgegebenen Ort ⌘ **Víkar**. Er war nur über einen sehr steilen und schwierigen Weg zu erreichen.

Fantastisches Naturschauspiel bei Víkar: nur die Bergspitzen schauen aus dem Nebel hervor

Falls Sie dem ehemaligen Dorf einen Besuch abstatten möchten, müssen Sie dafür ca. 2 Std. extra einplanen.

Die offizielle Route wendet sich nach rechts und verläuft am Hang des 715 m hohen Berges **Eysturtindur** leicht ansteigend durch eine Steinwüste. Sie wandern an Steinpyramiden entlang, bis Sie 600 m später bei **Gresskarð** den höchsten Punkt des Tages erreichen. Hier ist Vorsicht geboten, denn in unmittelbarer Nähe des Weges schneidet sich eine tiefe Schlucht in den Berg. Bei klarem Wetter bietet sich ein atemberaubender Blick auf zahlreiche Berggipfel und die schroffe Steilküste der Insel Streymoy.

Der Wasserfall Gullringsá

Die nächste, ca. 250 m entfernte Steinpyramide ist nicht leicht zu entdecken. Wenn Sie sich leicht rechts halten, laufen Sie jedoch direkt darauf zu. Nun beginnt ein gut 500 m langer, sehr steiler und schwieriger Abstieg ins Tal **Gresskarðadalur**, bei dem es fast 200 Höhenmeter zu überwinden gilt. Halten Sie immer nach der nächsten Steinpyramide Ausschau und nehmen Sie die Hände zu Hilfe, wenn Sie sich von Absatz zu Absatz hangeln. Sobald das Gelände abflacht, hört die Wegmarkierung auf. Dann müssen Sie noch ca. 200 m geradeaus weiterlaufen und dabei auf den Fluss **Stórá** zusteuern. Nachdem Sie den Fluss kurz vor einer Fallstufe gequert haben ❸, setzt sich die Route auf einem gut erkennbaren Pfad fort, der nach einer Rechtskurve bequem am Hang des Berges Mølin entlangführt.

Für die nächsten 1,5 km bieten sich zwei Alternativen: Sie können den 352 m hohen **Klubbin** an der Nordseite passieren und bei **Kálvarók** zum Fluss Gullringsá hinabklettern oder – wie im Folgenden beschrieben – die Route an der Südseite des Klubbin wählen. Dazu bleiben Sie auf dem gut erkennbaren Trampelpfad, der mit einem schönen Blick auf winzige Gewässer oberhalb des Tales Kjógvadalur verläuft. Wenn rechter Hand der See **Hvilvtkinnavatn** in Sicht kommt, wandern Sie noch ca. 400 m auf etwa gleichbleibender Höhe am Berghang entlang. Kurz vor

einem Felsplateau müssen Sie dann ohne Pfad über die Wiese Richtung Tal hinabsteigen. Sobald Sie oberhalb des Flusses **Gullringsá** angekommen sind, gehen Sie etwas nach links, um die allzu steile Passage direkt am Flusslauf zu vermeiden. Der schwierige Abstieg ins Tal Munnin kann im oberen Bereich nur unter Zuhilfenahme der Hände bewältigt werden und ist leider nicht markiert. Wählen Sie für die Kletterpartie eine Stelle mit möglichst wenigen Felsen. Anschließend laufen Sie über den steilen Grashang hinab Richtung Fluss und dann ein Stück an seinem linken Ufer entlang.

Kurz nachdem der Gullringsá einen kleinen **Wasserfall ❹** gebildet hat, müssen Sie ihn – möglicherweise ohne Schuhe! – queren. Ca. 300 m weiter östlich steht auf einer kleinen Anhöhe eine gut sichtbare Steinpyramide. Schlagartig hat sich die Landschaft völlig verändert und zeichnet sich jetzt durch kleine Hügel und Gräben sowie einen ziemlich feuchten Untergrund aus. Die verbleibenden 1,5 km bis zum Nordzipfel des Sees Fjallavatn legen Sie ohne vorgegebenen Weg zurück. Um auf Ihrem Marsch durch das Tal allzu sumpfige Stellen zu vermeiden, halten Sie sich am besten weit rechts in der Nähe des Berghangs.

Am See angekommen, geht es am Nordufer entlang gen Osten. Dabei bleiben Ihnen innerhalb von 250 m zwei unangenehme Flussdurchquerungen nicht erspart. Ohne Schuhe waten Sie zunächst durch den knöcheltiefen **Reipsá ❺** und 250 m später auch noch durch den **Botná**. Dann können Sie aufatmen und den knapp 2 km langen Spaziergang am **Fjallavatn** entlang in vollen Zügen genießen. Am kleinen Wochenendhaus Fjallahús vorbei geht es über eine sehr holprige Schotterpiste zuletzt bis zu einem **Schafspferch** ❻ am Ende des Sees.

Ferienhaus am Fjallavatn

Nun setzt sich die Route geradeaus fort und verläuft 600 m querfeldein bis zu einer Steinpyramide. Auf dem Weg dorthin müssen Sie den Fluss Áin á Fjøllum durchqueren und einen Zaun überwinden. An der Steinpyramide beginnt ein gut markierter, bequemer Pfad, der sich 500 m später zu einer holprigen Piste verbreitert und bis zu einem 1,5 km entfernten P Parkplatz ❼ führt.

☺ Falls Sie mit kleineren Kindern eine einfache Wanderung zum Fjallavatn unternehmen möchten, können Sie mit dem Auto bis zu dieser Stelle fahren.

Die verbleibenden 2,8 km legen Sie auf einem breiten, leicht bergab führenden Fahrweg zurück. Während die ersten Häuser in Sicht kommen und der Fluss **Sjatlá** dicht an der Straße entlangfließt, laden immer wieder Bänke zu einer Rast ein. Vom Ortseingang von **Vatnsoyrar** laufen Sie an der Hauptstraße Torvgøta entlang bis zur Bushaltestelle, die sich in unmittelbarer Nähe der Landstraße Nr. 11 befindet.

18 Von Bøur nach Gásadalur

Tour für sportlich ambitionierte Aussichtsgenießer (🚶)

Diese kurze, aber zeitintensive Wanderung ist durch steile An- und Abstiege gekennzeichnet und sollte auf keinen Fall unterschätzt werden. Sie ging als „Briefträgerroute" in die Geschichte ein, da Gásadalur bis 2006 keine Straßenanbindung hatte und die Post viele Jahre lang zu Fuß über den Pass getragen werden musste. Auch wenn der winzige Ort inzwischen mühelos mit dem Auto zu erreichen ist – die fantastische Aussicht über die Holme Tindhólmur und Gáshólmur sowie den Blick auf Gásadalur aus der Vogelperspektive bekommen Sie nur während eines Fußmarsches geboten!

⇆ Start/Ziel: Abzweig Schotterweg 300 m vor dem Tunnel Gásadalstunnilin, GPS N 62°05.803' W 007°24.102'

9,3 km

4 Std. 30 Min.

↑↓ 1.331 m/1.331 m

⇧ 44-434 m

Die Route ist mit weißen oder hellroten Holzpfählen sowie mit Steinpyramiden sehr gut markiert.

Nach 400 m über einen Schotterweg geht es 2,6 km auf einem gut erkennbaren Pfad hinauf zum Pass und anschließend hinab bis zur Landstraße Nr. 45. Der Rundgang durchs Dorf Gásadalur und die nähere Umgebung erfolgt über Asphalt, Schotter und gemähte Graswege.

In Gásadalur können Sie sich in einem kleinen Café stärken (km 5,2).

Die erste Bank steht ca. 500 m vor dem Ortseingang von Gásadalur (km 3,3 bzw. 5,9). Auf dem Rundweg um das Dorf gibt es weitere Bänke und Picknickplätze.

Aufgrund des steilen Abstiegs über loses Geröll ist die Tour für Kinder im Grundschulalter nicht geeignet. Auch mit etwas älteren Kindern empfiehlt es sich, für den Rückweg ein Taxi zu nehmen.

P 300 m vor dem Tunneleingang Richtung Gásadalur zweigt links ein Schotterweg ab. Hier existiert zwar kein offizieller Parkplatz, Sie können das Auto aber am Wegrand abstellen.

Es besteht die Möglichkeit, mit der Linie 300 ab Tórshavn (bis zu 10 Abfahrten täglich) bis Sørvágur fahren. Von dort verkehrt die Linie 350 werktags 1-2x nach

Gásadalur, muss aber vorbestellt werden, ☏ +298/77 00 00. Alternativ können Sie von Sørvágur ein Taxi nehmen, z. B. Olsen taxi, 📱 +298/28 34 35.

- Falls Sie den Rückweg nicht zu Fuß antreten möchten, müssen Sie den Bus 350 für die Rückfahrt rechtzeitig telefonisch bestellen, am Parkplatz in Gásadalur nach einer Mitfahrgelegenheit Ausschau halten oder ein Taxi ordern.
- Besonders hartgesottene Wanderer können den Weg bis nach Vatnsoyrar (☞ Tour 17) fortsetzen.

Vom Startpunkt folgen Sie der Schotterstraße 400 m bis zu einer Tafel mit detaillierten Informationen zur Wanderung. Dort beginnt ein mit Holzpfählen

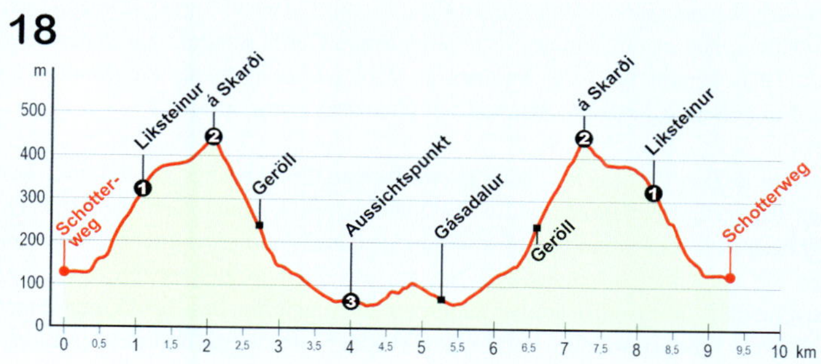

markierter Fußpfad, der den Hang **Gásadalsbrekka** hinaufführt. Die Grasnarbe ist stellenweise verschlissen und in niederschlagsreichen Zeiten entsprechend matschig. Draußen im Meer liegen die bizarren Holme **Tindhólmur** und **Gáshólmur** sowie das markante Felstor **Drangarnir**. Kurz darauf verläuft der Weg sehr nah am Abhang entlang und gibt einen atemberaubenden Blick auf die senkrecht abfallende Steilküste frei. Sie wandern im Zickzack steil bergauf, wobei Ihnen einige Erdstufen den Anstieg erleichtern.

Nach 250 m gelangen Sie zum ⌘ **Liksteinur** (Leichenstein) ❶. Da Gásadalur erst 1873 einen eigenen Friedhof bekam, mussten die Toten jahrhundertelang über den steilen Berg bis nach Bøur getragen werden. Bei diesem anstrengenden Unterfangen bot der Leichenstein die einzige Möglichkeit für eine Rast. Wenn Sie zurückschauen, können Sie nun den ganzen Fjord bis zur Ortschaft Sørvágur überblicken.

Über zunehmend steiniges Terrain mit losem Geröll wandern Sie weiter bergauf. Links kommt die Insel **Mykines** in Sicht, während rechts die Zinnen des 464 m hohen Rógvukollur majestätisch über dem Hang thronen.

Zur Region Vágar gehört auch die westlichste Insel **Mykines**, die mit ihrer großen Papageitaucherkolonie und einem malerischen Leuchtturm zu den Highlights eines Färöer-Urlaubs gehört. Wenn Sie das Eiland besuchen möchten, müssen Sie die Überfahrt rechtzeitig buchen, da die Kapazität begrenzt ist. Der zunehmende Touristenstrom hat außerdem dazu geführt, dass für Wanderungen Gebühren erhoben werden. Von Anfang Mai bis Ende August darf das Terrain nur im Rahmen von geführten Touren betreten werden (Kosten bei Online-Buchung DKK 400). Im September wird lediglich eine Wandergebühr in Höhe von DKK 250 fällig, die vor Ort bezahlt werden kann. Weitere Informationen und Buchung unter www.mykines.fo.

Direkt neben der nächsten Steinpyramide fließt die kleine Quelle **Vívda**, an der einst ein Priester die Nottaufe eines kranken Babys vorgenommen haben soll. Nun laufen Sie 500 m auf beinahe gleichbleibender Höhe bequem am Hang entlang und dann noch einmal 300 m leicht bergan bis zum Pass **á Skarði** ❷. Tief unten im Tal liegt gut geschützt die kleine Siedlung Gásadalur, umgeben von grünen Weidenflächen und hohen Berghängen.

Ein deutlicher Pfad führt in schön angelegten Serpentinen am Nordhang des Berges **Knúkarnir** hinab. Dieser Abschnitt ist aufgrund von losem Geröll sehr anspruchsvoll und erfordert eine hohe Aufmerksamkeit. Bei Regen und hoher Bodenfeuchtigkeit erhöht sich die Rutschgefahr noch zusätzlich.

Der Múlafossur bei Gásadalur ist ein beliebtes Fotomotiv

Richten Sie Ihren Blick stets auf den Weg und genießen Sie die wunderbare Aussicht über das Tal nur im Stand und nicht während des Gehens!

Wenn das Gestein 550 m später in Wiese übergeht, können Sie wieder aufatmen. Der Weg verläuft nun über die Grasnarbe und lässt sich deutlich einfacher bewältigen. Nach weiteren 350 m gelangen Sie zu einem Wanderschild und zur Landstraße Nr. 45.

Die nächste Steinpyramide steht zwar auf der Wiese etwas weiter unterhalb im Tal, der ursprüngliche Fußweg wurde jedoch durch den Straßenbau zerstört, sodass Sie bis Gásadalur der Fahrstraße folgen müssen. Sie passieren in einer Rechtskurve die erste Bank des Tages und biegen kurz vor dem Ortseingang links Richtung **Múlafossur** ab. Vom 300 m entfernten Aussichtspunkt ❸ bietet sich ein schöner Blick auf den schlanken Wasserfall, die bunten Häuser des Dorfes sowie den 722 m hohen Berg Árnafjall im Hintergrund.

Dann gehen Sie zurück Richtung Straße, halten sich aber nach 100 m links, queren auf einer Brücke den Fluss **Dalsá** und laufen auf einem deutlich abgesteckten, gepflegten Wiesenweg an der Küste entlang Richtung Nordwesten. An einem schönen Picknickplatz haben Sie die Wahl: Sie können rechts Richtung

Ortskern abbiegen oder den kleinen Rundweg noch ein Stück geradeaus fortsetzen.

Dann kommen Sie 350 m später zu einer weiteren Bank mit schöner Aussicht auf die Steilküste bei Langanes. Der Wiesenweg macht anschließend eine Rechtskurve und erreicht das obere Ende von **Gásadalur**. Dort können Sie sich in einem kleinen Café stärken, bevor Sie an der Landstraße Nr. 45 entlang zum Einstieg in den Wanderweg zurückkehren.

Gásadalsgarður, Longubreyt, 387 Gásadalur, April-Sep täglich 11:00-16:00

Weiter geht es auf der bereits bekannten Route über den Pass zurück zum Ausgangspunkt.

Gásadalur bekam erst 2006 einen Straßenanschluss

„1.700 m von der Zukunft entfernt" heißt ein älterer dänischer Dokumentarfilm über das winzige Dorf **Gásadalur**, das erst 2006 durch einen Tunnel an das färöische Straßennetz angebunden wurde. Bis dahin konnten die Bewohner das Tal nur zu Fuß oder per Helikopter verlassen. Die geschützte, sonnenreiche Lage machte diese Abgeschiedenheit jedoch wett. Während der kargen Jahre des Zweiten Weltkriegs wurde auf den eigentlich längst aufgegebenen Äckern sogar noch einmal Gerste angebaut. 50 Jahre lang brachte Briefträger Henriksen die Post über den steilen Pass nach Gásadalur und wurde für diesen Verdienst mit einer eigenen Briefmarke geehrt.

⑲ Von Sandavágur zum Trøllkonufingur

Tour für Groß und Klein

Bei diesem kurzweiligen Spaziergang folgen die Sehenswürdigkeiten Schlag auf Schlag: Neben der imposanten Felssäule Trøllkonufingur sind in Sandavágur auch der feine Sandstrand, die Kirche mit Runenstein und das Hammershaimb-Denkmal einen Besuch wert. Schöne Ausblicke auf die Inseln Koltur, Streymoy und Sandoy runden das abwechslungsreiche Programm ab.

- Start/Ziel: Kirche in Sandavágur, Kirkjuvegur, 360 Sandavágur, GPS N 62°03.229' W 007°09.071'
- 5,1 km
- 1 Std. 30 Min.
- ↑↓ 128 m/128 m
- ⇧ 0-104 m
- Die einfach zu findende Route ist nicht markiert.
- Der Weg verläuft zunächst auf einer kaum frequentierten Fahrstraße und geht 200 m vor dem Aussichtspunkt in einen bequemen Fußweg über.
- Am Hafen von Sandavágur befindet sich das Café Fiskastykkið.
- Am Wegesrand laden zahlreiche Bänke zu einer Rast ein.
- Der einfache Spaziergang ist für kleinere Kinder gut geeignet und kann auch mit einem Buggy in Angriff genommen werden.
- P Am Ausgangspunkt gibt es einen kostenfreien Parkplatz.
- Die Linie 300 ab Tórshavn fährt bis zu 10x täglich nach Sandavágur. Die Bushaltestelle befindet sich an der Landstraße Nr. 11, ca. 500 m vom Ausgangspunkt entfernt.
- Falls Sie die Tour auf ca. 3 km verkürzen möchten, können Sie das Auto an dem kleinen Parkplatz oberhalb der Ortschaft abstellen.

Von der ✞ Kirche in **Sandavágur** laufen Sie den Kirkjuvegur hinauf bis zur T-Kreuzung, biegen links in die Straße á Sondum ab und gelangen nach 150 m zu einem ⌘ monumentalen **Steindenkmal** für den färöischen Pfarrer und Philologen V. U. Hammershaimb (1819-1909). Der in Sandavágur geborene Wissenschaftler gilt als Begründer der modernen färöischen Schriftsprache. Er sammelte außerdem alte Tanzballaden, Sagen und Legenden, die er in einer Anthologie mit über 1.000 Seiten herausgab.

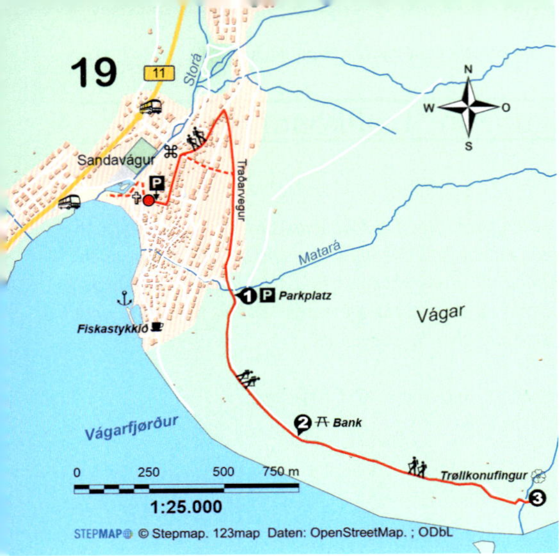

Sie setzen Ihren Weg halb rechts auf der Steigarbrekka fort und biegen gut 200 m später scharf rechts in den **Traðarvegur** ab. Nun geht es leicht bergan bis zum letzten, roten Wohnhaus und einem kleinen 🅿 Parkplatz ❶. Während Sie mit einem weiten Blick über den Ort Sandavágur, die Landzunge Giljanes und die Lachszuchtanlagen in der Bucht geradeaus weiterwandern, wird der Fahrweg deutlich schmaler. Sie kommen an einigen kleinen Wochenendhäusern vorbei und haben nun auch eine schöne Aussicht auf die winzige Insel **Koltur**.

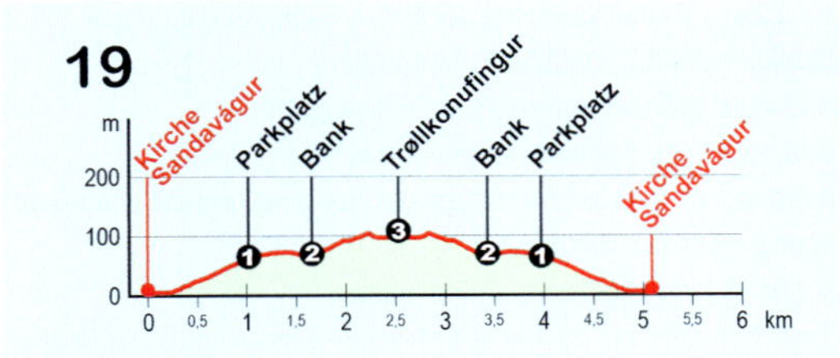

150 m später steht am Wegesrand die erste Bank ❷, der in kurzen Abständen noch zwei weitere folgen. Der Anstieg ist in diesem Abschnitt zwar nicht steil, aber deutlich zu spüren. Auf den letzten 200 m bis zum Aussichtspunkt geht die Fahrstraße in einen Fußweg über, führt durch zwei Tore und passiert einen idyllischen Picknickplatz an einem kleinen Wasserfall. Dann bietet sich ein beeindruckender Blick auf die Felssäule **Trøllkonufingur** ❸.

Beim **Trøllkonufingur** („Finger des Trollweibs") handelt es sich um eine schmale Felssäule, die südöstlich von Sandavágur 313 m aus dem Meer ragt. Der Sage nach kam einst ein Trollweib auf dem Weg nach Island an den Färöern vorbei und wurde kurz vor der Insel Vágar von der aufgehenden Sonne überrascht.

Schlagartig verwandelte es sich in Stein, fiel ins Wasser und sank auf den Meeresgrund. Der Körper des Trollweibs war jedoch so riesig, dass bis heute ein Teil des Kopfes (= die Insel Koltur) und ein Zeigefinger aus dem Wasser ragen. Als der dänische Kronprinz Frederik 1844 die Färöer besuchte, soll es einem seiner Männer erstmals gelungen sein, die schmale Felssäule zu erklimmen. Tragischerweise ließ er auf der Spitze einen seiner Handschuhe liegen und verunglückte tödlich bei dem Versuch, ihn zu holen. Bislang haben es nur elf Menschen geschafft, den Trøllkonufingur zu besteigen.

Der Trøllkonufingur ragt 313 m aus dem Meer

Während des Rückwegs blicken Sie zunächst auf die Siedlung Miðvágur, erst nach ca. 1,2 km kommen der Sandstrand und die Kirche von Sandavágur in Sicht. Diese beiden direkt benachbarten Ortschaften bilden das Zentrum der 176 km² großen Insel Vágar. Etwa zwei Drittel der 3.300 Inselbewohner leben hier.

700 m später können Sie eine kleine Abkürzung wählen, indem Sie einem geschotterten, beleuchteten Fußweg links den Hang hinab folgen. Er quert den Torkilsvegur und endet direkt am ⌘ Hammershaimb-Denkmal. Von dort gelangen

Sie über den Hammershaimbvegur und den Kirkjuvegur zurück zum Ausgangspunkt an der ✞ Kirche.

Die Kirche von Sandavágur beherbergt einen wertvollen Runenstein

✞ Die **Kirche** von Sandavágur mit ihrem markanten roten Dach wurde 1917 vom Tórshavner Architekten Magnus á Kamarinum erbaut. Im Inneren befindet sich ein ⌘ Runenstein aus dem 12. Jahrhundert, der zu den bedeutendsten archäologischen Funden der Färöer zählt. Seine Inschrift „Torkil Onundarson, Ostmann aus Rogaland, bebaute diese Stätte zuerst" gibt Auskunft darüber, dass die ersten Siedler in dieser Gegend aus Südnorwegen stammten.

Abschließend sollten Sie sich einen kleinen Abstecher zum Sandstrand nicht entgehen lassen. Dazu laufen Sie rechts um den Friedhof herum bis auf die andere Seite der Kirche und von dort nach links weiter Richtung Meer.

Eine Einkehrmöglichkeit finden Sie am Hafen.

☕ Café Fiskastykkið, Úti á Bakka 12, 360 Sandavágur, 📱 +298/25 06 00, 💻 www.fiskastykkid.fo, 🚪 Öffnungszeiten bitte erfragen

Sandoy

Die schmale Straße nach Dalur schlängelt sich am Steilhang entlang, Tour 22

20 Von Skopun nach Líraberg

Tour für Freunde von Steilküsten und schroffen Klippen

Diese Wanderung bietet eine der einfachsten und bequemsten Möglichkeiten, einen Blick auf die atemberaubende Steilküstenlandschaft der Färöer zu werfen, und sorgt obendrein für viel Abwechslung. Auf einer Strecke von knapp 7,5 km führt sie von einem modernen Fährhafen durch ein pittoreskes Dorf und ein liebliches Tal bis zu kargen, schroffen Felswänden und wieder zurück.

- Start/Ziel: Fährhafen Skopun, GPS N 61°54.170' W 006°52.701'
- 7,4 km
- 2 Std. 30 Min.
- 236 m/236 m
- 0-192 m
- Lediglich der letzte Wegabschnitt vom Ende der Fahrstraße bis zum Aussichtspunkt ist mit roten Holzpfählen markiert. Die Orientierung ist aber durchweg einfach.
- 80 % der Strecke verlaufen auf befestigten Wegen, nur die letzten 700 m bis zum Aussichtspunkt müssen Sie ohne Pfad über eine Wiese zurücklegen.
- In Skopun befindet sich die Pizzeria Pitza Sandoy & Grill.
- Der einzige Picknickplatz mit Bänken befindet sich gleich zu Beginn der Wanderung am Bach Stórá (km 0,6 bzw. 6,8).
- Die kurze, einfache Wanderung ist für Kinder ab dem Grundschulalter gut geeignet.
- Am Fährhafen in Skopun befindet sich ein kostenfreier Parkplatz. Falls Sie auf Sandoy nur diese Tour wandern möchten und nicht planen, weitere Gegenden der Insel mit dem Auto zu erkunden, sollten Sie das Fahrzeug allerdings in Gamlarætt stehen lassen.
- Von Tórshavn fährt die Linie 650 werktags 7-8x und am Wochenende 4x zur Insel Sandoy. Um nach Skopun zu gelangen, müssen Sie an der Haltestelle „Inni í Dal" in die Linie 600 umsteigen. Dieser Bus muss in den meisten Fällen telefonisch unter ☏ +298/22 59 00 vorbestellt werden.

Vom ehemaligen Fähranleger in **Skopun** biegen Sie rechts in den Tormansvegur ein und gehen 100 m später an einem kleinen Supermarkt links den Garðavegur hinauf. Sie passieren die Kirche, folgen einer Rechtskurve und halten sich an der nächsten Kreuzung geradeaus.

Wenig später befindet sich linker Hand ein schöner Picknickplatz am Bach Stórá ❶. Von dort bringt Sie die kaum befahrene Straße **Høvdarhagavegur** bis zu den letzten Häusern am Ortsrand und weiter Richtung Westküste. Rechter Hand liegt ein schönes Tal mit sanften Hügeln, saftigen Weiden, Kartoffelfeldern und dem winzigen See **Lykkjuvøtnini**. In der Ferne sehen Sie die schroffe Westküste der Insel Hestur sowie die Inseln Streymoy, Koltur und Vágar. In diesem geschützten Tal halten die Bewohner Skopuns Schafe, Gänse und Hühner.

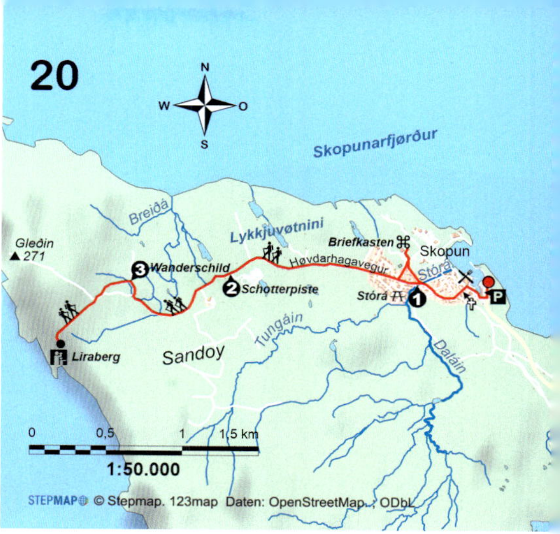

Knapp 1 km hinter dem Ortsausgang geht die Asphaltstraße in eine Schotterpiste über ❷ und steuert geradewegs auf einen Hang mit einem kleinen Wochenendhaus zu. 800 m später macht sie jedoch eine Rechtskurve und wendet sich wieder vom Hang ab. Kurz darauf kommen Sie zu einem Wanderschild ❸ mit detaillierten Informationen über die 700 m lange Route nach Líraberg. Hier verlassen Sie den Fahrweg und laufen durch die stellenweise feuchte Wiese dicht am Zaun entlang Richtung Küste. Kleine rote Holzpfähle helfen bei der Orientierung, während es zunächst mäßig und dann ein kurzes Stück steil bergauf geht. Unterwegs müssen Sie über zwei Zauntreppen steigen. An der Steilküste angekommen, gehen Sie noch ca. 50 m nach links bis zum Aussichtspunkt. Von hier eröffnet sich ein toller Blick über die Steilküste Sandoys

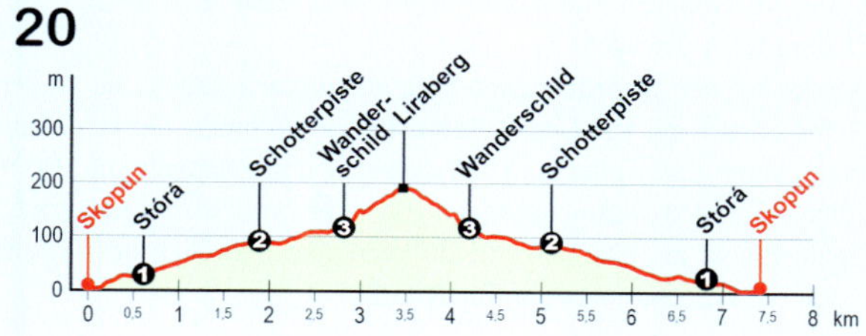

Die Klippen Líraberg

und die ❀ Klippen **Líraberg** mit ihren beiden charakteristischen, frei stehenden Felssäulen.

Achten Sie auf dem Rückweg darauf, dass Sie hinter der zweiten Zauntreppe nicht ins Tal hinabwandern, sondern dicht am Zaun bleiben. Wieder in Skopun angekommen, können Sie einen kleinen Abstecher zum ⌘ **größten Briefkasten der Färöer** machen. Dazu biegen Sie 250 m hinter dem Ortseingang links auf den Tormansvegur ab und erreichen 200 m später das überdimensionierte, hellblaue Ungetüm. Mit einer Höhe von 7,42 m und einer Breite von 4,45 m schaffte der Postkasten es ins Guinness-Buch der Rekorde und zählt auch heute noch zu den größten Exemplaren der Welt.

Um wieder auf den ursprünglichen Weg zu kommen, laufen Sie an der Straße einige Meter zurück bis zu einem Zebrastreifen, nehmen direkt dahinter links einen kleinen Verbindungspfad zum Leirvíksvegur und gelangen gut 100 m später zum bereits bekannten Picknickplatz am Bach ❶, von wo es nur noch 600 m zum Ausgangspunkt am ehemaligen Fährhafen sind. Nördlich des Hafenbeckens befindet sich die Pizzeria Pitsa Sandoy & Grill.

✕ Pizzeria Pitsa Sandoy & Grill, Tormansvegur 26, 240 Skopun, ☏ +298/20 27 27, Mi-So 17:00-22:00

Der Hafen von Skopun

Die kleine Ortschaft **Skopun** (ca. 450 Einwohner) wurde erst 1833 gegründet und gehört somit zu den jüngsten Siedlungen der Färöer. Da die Bewohner kaum eigenes Land besaßen, mussten sie zunächst vom Fischfang leben. Viele Jahre bildete der geschäftige Ort das Eingangstor zur 125 km² großen Insel Sandoy, die mit ihren breiten Sandstränden und weiten Tälern als besonders lieblich gilt. Nachdem im Dezember 2023 der knapp 11 km lange Sandoyartunnel eröffnet und die Fährlinie eingestellt wurde, ist es in Skopun deutlich ruhiger geworden.

21 Von Sandur nach Søltuvík

Tour für Liebhaber von alten Sagen und Geschichten

Während die bequeme Tour auf einer kaum befahrenen Landstraße bis zur 5 km entfernten Westküste führt, begegnen Ihnen auf Schritt und Tritt alte färöische Geschichten und Sagen. Nahe dem Gróthúsvatn lebte einst eine Gold spinnende Hexe und in der schönen Bucht von Søltuvík ereignete sich 1895 mit dem Untergang des Dampfers „Principia“ eine furchtbare Tragödie. Schöne Blicke auf die Inseln Skúvoy, Stóra Dímun und Lítla Dímun machen die Wanderung auch für Naturliebhaber zu einem Erlebnis.

⇆ Start/Ziel: alte Schule an der Straßenkreuzung Heimasandsvegur/Undir Reynum, 210 Sandur, GPS N 61°50.206' W 006°49.222'

10,7 km

3 Std.

↑↓ 279 m/279 m

⇧ 19-89 m

Der Weg ist nicht markiert, folgt aber permanent einer kleinen Fahrstraße und kann deshalb nicht verfehlt werden.

Sie legen die gesamte Strecke auf einer befestigten Straße zurück.

Unterwegs gibt es keine Einkehrmöglichkeiten, lediglich in Sandur befindet sich in der ehemaligen Bäckerei ein Kiosk, der Snacks anbietet (Heimasandsvegur 33, ☎ +298/22 20 78).

Am Beginn des Sees Gróthúsvatn finden Sie einen schönen Picknickplatz (km 0,7 bzw. 9,8). Eine weitere Bank liegt direkt am See (km 0,9 bzw. 9,6).

Die einfache Tour ist schon für Kinder im Grundschulalter gut geeignet und kann auch mit einem Buggy gegangen werden.

P Am Startpunkt gibt es keinen Parkplatz, sodass Sie das Fahrzeug am Straßenrand abstellen müssen.

Von Tórshavn fährt die Linie 650 werktags 7-8x und am Wochenende 4x nach Sandur. Auf Wunsch lässt der Fahrer Sie direkt am Startpunkt aussteigen.

Am Startpunkt in **Sandur** biegen Sie rechts in die Straße Undir Reynum (im weiteren Verlauf Søltuvíkar vegur) ein, ignorieren 200 m später den Abzweig nach links und laufen geradeaus weiter bis zu einem Neubaugebiet.

Auf dem Weg hinab zum See **Gróthúsvatn** passieren Sie bereits die ersten beiden ⌘ Sehenswürdigkeiten: Auf der rechten Straßenseite ist in einem Felsen der als **Gívrinarspor** bezeichnete Fußabdruck einer Hexe zu erkennen und gleich gegenüber haben die Frauen von Sandur einen 4 m hohen Felsen mit bunten, gestrickten Decken umsponnen. In unmittelbarer Nähe dieses außergewöhnlichen Kunstwerks befindet sich ein schöner ⩩ Picknickplatz.

Sie setzen Ihren Weg zum Seeufer hinab fort, gehen über den Damm und nehmen 100 m später links die kleine Asphaltstraße Richtung Søltuvík. Am Abzweig steht eine weitere ⩩ Bank. Dann geht es mit einem schönen Blick auf die Bucht Grótvík und die Nachbarinsel Skúvoy die folgenden 650 m spürbar bergan bis zur ⌘ Hexenhöhle **Gívrinarhol ❶**. Die legendäre Höhle ist eigentlich nur ein kleiner Spalt und liegt ca. 30 m oberhalb der Straße am Hang.

Die Sage erzählt von einer alten, blinden Hexe, die einst in dieser Höhle lebte. Als sie eines Tages Gold mahlte, saß neben ihr ein Kind und spielte mit einem goldenen Stab. Unbemerkt schlich sich ein Mann heran, entriss dem Kind den wertvollen Stab, versetzte ihm einige Schläge damit und ritt dann eilig davon. Die blinde Hexe spürte das Unheil und rief eine Hexe aus der Nachbarschaft zu Hilfe. Diese nahm die Verfolgung des Reiters bereitwillig auf und stürmte so heftig davon, dass einer ihrer Fußabdrücke bis heute bei Gívrinarspor zu erkennen ist. Es gelang ihr, den Schwanz des Pferdes zu ergreifen und den Dieb aus dem Sattel zu schütteln. Doch während er stürzte, erblickte er neben sich die Kirche und wurde auf diese Weise vor dem Tod bewahrt.

Frauen haben diesen markanten Felsen mit bunten Decken umsponnen

Auf der kaum befahrenen Straße laufen Sie 2 km geradeaus ins Tal hinein bis zu einem Wanderschild ❷.

↳ Von hier aus können Sie bei gutem Wetter einen Abstecher zu einem 1 km entfernten Aussichtspunkt machen.

Die offizielle Route verläuft noch 1,3 km weiter geradeaus und steuert dabei direkt auf die Westküste zu. Während sich der Blick zum Meer hin öffnet, geht es bereits leicht abwärts. Kurz vor dem Ziel macht die Straße eine scharfe Linkskurve, führt kräftig bergab und endet 250 m später an der geschützten Bucht **Søltuvík**. Zwei alte Schiffsanker und ein ⌘ **Gedenkstein** ❸ erinnern an den Untergang des britischen Frachtschiffes „Principia".

Die furchtbare Tragödie ereignete sich im November 1895, als die **„SS Principia"** auf ihrer Fahrt von Schottland nach New York bei Søltuvík Schiffbruch erlitt. Nach einer Explosion geriet sie in Brand, zerschellte an der felsigen Küste und versank in den Fluten. 28 Männer fanden bei diesem Unglück den Tod. Als einziger Überlebender klammerte sich der Matrose Heinrich Anders aus Rostock an eine hölzerne Ladeluke und trieb 14 Stunden lang durch das eiskalte Meer, bis er bei Kirkjubøur geborgen wurde. Das Brett, das ihm das Leben rettete, dient heute als Tischplatte und kann in der Rauchstube des Königsbauernhofes von Kirkjubøur besichtigt werden (☞ Tour 15).

Der Anker des gesunkenen Frachters „SS Principia"

Auf demselben Weg gehen Sie nach Sandur zurück.

↳ Nach der Wanderung können Sie noch eine kleine Erkundungstour durch den Ort anschließen. Dazu biegen Sie an der alten Schule rechts in die Hauptstraße Heimasandsvegur ab und laufen durch den Ortskern Richtung ⚓ Hafen. Unterwegs passieren Sie das in einem historischen Bauernhaus untergebrachte ⌘ **Heimatmuseum Í Koytu**, die im typisch färöischen Stil errichtete ✞ **Kirche** von 1839 sowie das moderne ⌘ **Kunstmuseum** mit einer kleinen, aber feinen Sammlung.

22 Von Guðrunarløkur über Skarvanes nach Dalur

Tour für Liebhaber von alten Pfaden und schmalen Küstenstraßen

Bei dieser ausgedehnten Tour über uralte Verbindungspfade und schmale Straßen lernen Sie den Süden von Sandoy mit den kleinen Dörfern Skarvanes, Dalur und Húsavík kennen. Bis auf einen steilen Ab- und Anstieg in der Nähe von Skarvanes ist die Route einfach zu gehen. Einsame Hochebenen, steile Küsten, tiefe Täler und weite Ausblicke über die Inseln Skúvoy, Stóra Dímun und Lítla Dímun sorgen unterwegs für Abwechslung und immer wieder neue Eindrücke.

Start/Ziel: Schafspferch 700 m hinter dem Abzweig der Landstraße Nr. 42 Richtung Húsavík (Húsavikarvegur), GPS N 61°49.112' W 006°43.107'

16 km

4 Std. 45 Min.

610 m/610 m

0-300 m

Der Wanderweg bis Dalur ist durchgehend mit traditionellen Steinpyramiden markiert, zusätzlich helfen farbige Holzpfähle bei der Orientierung. Der Weg über die Straße ab Dalur ist problemlos zu finden.

Die ersten 3,6 km von Guðrunarløkur bis Skarvanes führen ohne Pfad durch grasbewachsenes Gelände. Auf den nächsten 3,5 km bis zum Fahrweg oberhalb von Dalur wechseln Abschnitte mit und ohne Trampelpfad einander ab. Anschließend geht es über eine Schotterpiste hinab nach Dalur und über eine schmale, kaum befahrene Landstraße zurück zum Ausgangspunkt.

Es gibt unterwegs keine Einkehrmöglichkeiten.

In Dalur befindet sich ein schöner Picknickplatz gegenüber der alten Schule (km 8,6).

Die Tour ist aufgrund ihrer Länge für Kinder unter 12 Jahren nicht zu empfehlen. Mit jüngeren Kindern bietet es sich an, nur einen der beiden Teilabschnitte zu gehen oder von Dalur mit dem Bus zum Ausgangspunkt zurückzukehren.

Am Startpunkt gibt es keinen Parkplatz, sodass Sie das Fahrzeug am Straßenrand abstellen müssen.

Von Tórshavn fährt die Linie 650 werktags 7-8x und am Wochenende 4x nach Sandur, wo Sie in die Linie 601 Richtung Skálavik und Dalur umsteigen müssen. Diese verkehrt werktags 5x und am Wochenende 3x, muss aber immer unter +298/22 59 00 vorbestellt werden. Sie können entweder am Abzweig Richtung Húsavík aussteigen und von dort 700 m bis zum Einstieg in den Wanderweg laufen oder alternativ mit dem Bus zunächst nach Skálavík fahren und dann auf der Weiterfahrt Richtung Dalur direkt am Einstiegspunkt aussteigen.

- Wenn Sie von Dalur nicht über die Landstraße bis zum Ausgangspunkt zurücklaufen möchten, können Sie mit der Buslinie 601 zurückfahren. Eine rechtzeitige telefonische Vorbestellung unter +298/22 59 00 ist bei allen Abfahrten erforderlich.
- Mit Kindern bietet es sich an, nur einen der beiden Teilabschnitte Guðrunarløkur – Skarvanes oder Skarvanes – Dalur zu laufen. Da Skarvanes nicht an den öffentlichen Nahverkehr angebunden ist, müssen Sie dann Hin- und Rückweg zu Fuß zurücklegen.

Vom Startpunkt **Guðrunarløkur** an der Landstraße Nr. 42 gehen Sie an einem Schafspferch und einem Zaun entlang schräg nach links ins Gelände hinein und steuern auf einen Felsvorsprung zu. 200 m später lässt sich der Zaun durch eine Öffnung passieren. Nun weisen Ihnen Steinpyramiden den Weg, der rechts von einem kleinen Bach über die Wiese führt und dabei leicht ansteigt. Nach 800 m kommen Sie zu zwei dicht beieinander stehenden Steinen namens **Klovnastein**. Einem alten Aberglauben zufolge dürfen Sie sich auf keinen Fall zwischen ihnen hindurchzwängen, weil Sie dann noch vor Jahresende sterben würden.

Ca. 650 m später wendet sich die Route am Felsvorsprung **Undir Rókunum** leicht nach links und führt um den Berg Vestfelli herum. Wenn Sie kurz darauf an einer Steinpyramide ❶ zurückschauen, haben Sie noch einmal eine schöne Aussicht auf die Ortschaft Sandur und die Bucht Sandsvágur. 300 m später öffnet sich dann der Blick auf die beiden kleinen Inseln Stóra Dímun und Lítla Dímun. Sie passieren ein sumpfiges Gebiet, klettern über zwei dicht aufeinander folgende Zäune und wandern anschließend am rechten Seeufer des **Dúniavatn** entlang gen Süden.

Der nun beginnende Abstieg ist zunächst einfach zu bewältigen. Sie laufen schräg den Hang hinunter, durchqueren zwei kleine Seitenarme des Baches Geilará und kommen bei einem verfallenen Schafspferch zur Felskante **Torvstíggjur**. Dann schließt sich eine schwierige Passage an: Sie müssen den steilen Abhang im Zickzack hinabsteigen und dabei auf eine gut sichtbare Pforte oberhalb der Häuser von Skarvanes zusteuern. Leider gibt es an dieser Stelle keine Wegmarkierungen und auch keinen Pfad. Auf der anderen Seite der Pforte geht es durch hohes, feuchtes Gras noch einmal 100 m steil bergab und gleichzeitig schräg nach links, sodass Sie die holprige Dorfstraße von **Skarvanes** an der Brücke über den Fluss **Matará** ❷ erreichen. Ein informatives Wanderschild steht ca. 50 m weiter rechts am Ortseingang.

Die oberhalb des Dorfes verlaufende Fahrspur führt von der Brücke Richtung Süden und endet 100 m später an einem Erdplatz. Hier beginnt der gut erkennbare, mit dunkelblauen Holzpfählen markierte Pfad nach Dalur. Er verläuft dicht am Hang entlang und steigt dabei spürbar an. Wenn Sie einige ausgesetzte Stellen und die Felsstufe **Dalsrók** überwunden haben, erreichen Sie die erste Steinpyramide und kurz dahinter eine blaue Zauntreppe. Nun können Sie aufatmen, denn die größte Herausforderung der Strecke ist bereits geschafft. Auf einem Trampelpfad wandern Sie an Holzpfählen und Steinpyramiden entlang mäßig bergauf. Nach 500 m liegt linker Hand die Schlucht **Gjógvin í Gjófelli** mit einem kleinen Wasserfall.

Sie durchqueren den Bach und setzen Ihre Tour durch das leicht sumpfige Gebiet **Ovasti Vatnsdalur** fort. Der Pfad verschwindet zwischenzeitlich, die Orientierung ist aufgrund der guten Markierung jedoch einfach. Nach einem kleinen Stück über loses Geröll wendet sich die Route bei Handastivarði nach rechts. Nun haben Sie einen schönen Blick über das Tal, den See Vatnsdalsvatn und die Inseln Skúvoy, Stóra Dímun und Lítla Dímun. 300 m später erreichen Sie den **Pass** ❸ und laufen ohne Pfad auf gleichbleibender Höhe weiter zu einer 300 m entfernten Zauntreppe.

Den Kennzeichnungen folgend geht es anschließend leicht bergab, bis 700 m später die Ortschaft Dalur weit unten im Tal sichtbar wird. Nachdem Sie den kleinen, felsigen Absatz Hamrarnir überwunden haben, steigen Sie auf einem gut sichtbaren Pfad im Zickzack die Wiese hinab und erreichen nach 400 m ein Wanderschild und die holprige Fahrstraße **Gerðavegur** ❹, die sich in Serpentinen ins Tal hinabwindet und 1,3 km später in die Hauptstraße Dalsvegur mündet.

↳ 200 m zuvor können Sie einen kleinen Abstecher zu einer restaurierten, alten ⌘ **Wassermühle** machen, indem Sie am Fluss Stórá dem Hinweisschild „To the old Mill" folgen.

Bevor Sie auf der Landstraße Nr. 42 nach Húsavík laufen, sollten Sie sich einen kleinen Rundgang durch das Dorf **Dalur** nicht entgehen lassen. Dazu folgen Sie dem Dalsvegur bis zur 200 m entfernten ehemaligen Schule von 1899 ❺. Gegenüber liegt eine winzige Plantage mit einem schönen Picknickplatz. (Eine Plantage ist auf den waldarmen Färöern ein kleines, künstlich aufgeforstetes Waldstück.) In unmittelbarer Nähe befindet sich auch die 1957 errichtete ✞ Kirche. Über die Áargøta gelangen Sie nach 150 m wieder zurück zur Landstraße, die auf den nächsten 5 km bis Húsavík Ihr ständiger Begleiter sein wird.

22
Lítlavatn
Løkurin
Stóravatn
Guðrunarløkur
Áin í Bog
Stórá
Húsavikarvegur
Heiðafjall
266
Sakirsá
Klovnastein
Undir Rókunum
Djúpadalur
Áin við Liðarenda
Løkin í Vestri
Húsavík
Kirche von 1863
Áin Svarta
Sandoy
Steinpyramide
Vestfelli
397
Kviggjagilsá
Skarvanesvegur
Gilsá
Bøá
Skitná
Dúniavatn
Skriðá
Tunnil til Dals
Stórafjall
396
Sommerhaus
Geilará
Mataráin
Gjógvin
Gjófelli
Brücke
Skarvanes
Steinschlag
Byrgisá
Handastivarði
Pass
Ovasti
Vatnsdalur
Hamrarnir
Stórá
Dalur
Gerðavegur
Vatnsdalsvátn
Áin í Seydali
Skúvoyarfjørður
0 0,5 1 1,5 km
1:50.000
STEPMAP © Stepmap. 123map Daten: OpenStreetMap. ; ODbL

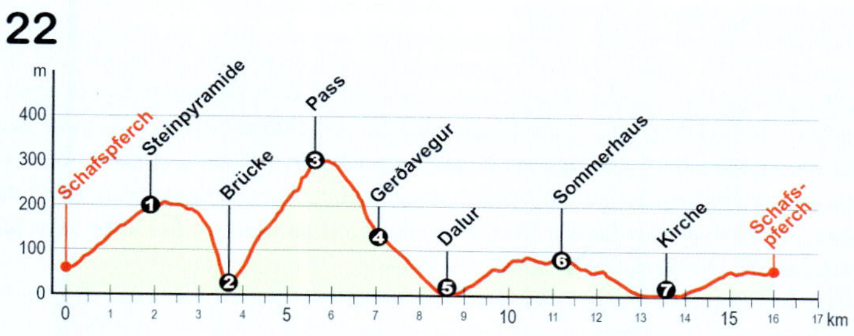
22
m
400
300
200
100
0
Schafspferch
Steinpyramide
Brücke
Pass
Gerðavegur
Dalur
Sommerhaus
Kirche
Schafs-pferch
0 1 2 3 4 5 6 7 8 9 10 11 12 13 14 15 16 17 km

Blick auf den malerischen Ort Húsavík

Das schmale, erst 1963 fertiggestellte Sträßchen führt den Hang hinauf, macht eine Linkskurve und verläuft dann nahe der Steilküste entlang Richtung Norden. Es ist faszinierend zu beobachten, wie leichtfüßig die Schafe den steilen Abhang hinunter- und hinaufspringen. Da die Gegend extrem steinschlaggefährdet ist, sollten Sie den Blick aber nicht nur über die Küste und das Meer schweifen lassen, sondern auch den Berghang zu Ihrer Linken im Auge behalten. Wenn Sie an einem kleinen Sommerhaus vorbeikommen ❻, haben Sie in etwa die Hälfte des Weges bis Húsavík geschafft.

1 km später kommt hinter einer Linkskurve der malerische kleine Ort mit seinem breiten Sandstrand in Sicht. Nach weiteren 700 m erreichen Sie die ersten Häuser und biegen rechts in die Bøgata ab, die von einigen schönen alten Gebäuden mit Grasdächern gesäumt wird. An der nächsten T-Kreuzung halten Sie sich links und gehen am Strand vorbei bis zur grasgedeckten ✝ Kirche von 1863 ❼. Hinter dem Friedhof gelangen Sie über eine Brücke in wenigen Schritten zum historischen ⌘ Dorfkern von **Húsavík**.

Der bereits zur Wikingerzeit besiedelte Ort zählt heute etwa 65 Einwohner und blickt auf eine wechselhafte Geschichte zurück. Seine berühmteste Bewohnerin ist die sagenumwobene Guðrun Sjúrðardóttir, die um 1400 lebte und nicht nur das gesamte Land rund um Húsavík und Skarvanes besaß, sondern auch riesige Ländereien auf den Shetland-Inseln ihr Eigen nannte. Zu Lebzeiten galt sie als die reichste und mächtigste Frau der Färöer. Guðrun war für ihre Strenge und Unerbittlichkeit bekannt, so soll sie u. a. zwei ihrer Leibeigenen wegen eines kleinen Vergehens lebendig begraben haben. Nahe der Kirche kann man noch die ⌘ Grundmauern ihres prächtigen mittelalterlichen Hofes erkennen.

Húsavík

Der Skúlavegur bringt Sie vom Ortskern wieder zum Fluss Stórá und zur Straße **Fram við Ánni**, die nach etwa 300 m in die Landstraße Nr. 42 (Húsavikarvegur) mündet. Die verbleibenden 2 km bis zum Ausgangspunkt legen Sie auf der leicht ansteigenden Straße zurück.

Suðuroy

Eine Holzbrücke führt nach Rituskor, Tour 23

23 Von Sandvík zum Ásmundarstakkur und weiter nach Hvalba

Tour für Liebhaber von schroffen Hängen und steilen Küsten (ǂǂǂ)

Diese aussichtsreiche Tour besteht aus zwei Teilen mit völlig unterschiedlichen Gesichtern. Während Sie den Felsen Ásmundarstakkur im Rahmen eines ausgedehnten Spaziergangs erreichen können, hat die Wanderung nach Hvalba mit ihren steilen An- und Abstiegen den Charakter einer Bergtour. Beiden Abschnitten gemeinsam ist der herrliche Panoramablick über den Nordteil der Insel Suðuroy.

→ Start: Straßenkreuzung Sandvíkarvegur/Heiðavegur, 860 Sandvík, GPS N 61°37.912' W 006°55.737'; Ziel: Straßenkreuzung Sandavegur/Nýggivegur, 850 Hvalba, GPS N 61°36.028' W 006°57.222'

10,5 km

3 Std. 45 Min.

↑ ↓ 587 m/618 m

⇧ 0-366 m

Auf dem einfach zu findenden Weg zum Ásmundarstakkur gibt es keine Markierungen. Der alte Verbindungspfad nach Hvalba ist zwar mit traditionellen Steinpyramiden und an einigen Stellen auch mit roten Farbpunkten markiert, trotzdem benötigen Sie unterwegs ein gewisses Orientierungsvermögen.

Der Weg zum Ásmundarstakkur verläuft zu 75 % auf befestigten Wegen und zu 25 % ohne Pfad über einen Grashang. Die Strecke nach Hvalba führt ohne Pfad über Wiesen und karge Hänge.

Es gibt unterwegs keine Einkehrmöglichkeiten.

Am Wegesrand finden Sie keine Bänke oder Picknickplätze.

Der Streckenabschnitt bis zum Ásmundarstakkur ist für Kinder im Grundschulalter gut geeignet. Den Weg bis Hvalba sollten Sie aufgrund der steilen An- und Abstiege nur mit etwas älteren Kindern gehen.

P Am Startpunkt gibt es keinen Parkplatz, Sie können das Fahrzeug aber problemlos am Straßenrand abstellen.

Die Buslinie 701 fährt vom Fähranleger der „Smyril" bis nach Sandvík und bringt Sie auch von Hvalba zurück zum Startpunkt. Informieren Sie sich vorher über die genauen Abfahrtzeiten, da diese auf den Fahrplan der Fähre „Smyril" abgestimmt sind und von Wochentag zu Wochentag variieren.

Informationen zur Fährfahrt von Tórshavn nach Suðuroy finden Sie in den ☞ Reise-Infos.

Mit Kindern im Grundschulalter bietet es sich an, vom Ásmundarstakkur zum Ausgangspunkt in Sandvík zurückzugehen und den Weg nicht bis nach Hvalba fortzusetzen. Falls Sie diese 7,8 km lange Wanderung noch weiter abkürzen möchten, haben Sie die Möglichkeit, die ersten 1,5 km mit dem Auto zurückzulegen und an einem kleinen Haus zu parken.

Passionierte Wanderer können die Tour verlängern, indem sie von Hvalba an der Landstraße entlang bis Nes laufen und dort die ☞ Tour 24 Richtung Trongisvágur anschließen.

Von Hvalba kommend biegen Sie am Startpunkt links in den **Heiðavegur** ein, halten sich 100 m später an der T-Kreuzung wieder links und folgen der bequemen Straße, die ins Tal hineinführt. Während Sie ohne nennenswerte Steigung Richtung Westküste laufen, haben Sie zur Linken einen schönen Blick auf den flachen Strand, der dem Ort **Sandvík** („Sandbucht") seinen Namen gab.

Die kleine Siedlung **Sandvík** gehört laut der im 13. Jahrhundert verfassten Färingersaga zu den wichtigsten Schauplätzen der färöischen Geschichte. Als der Wikingerhäuptling Sigmundur Brestisson die Inseln im Jahr 999 n. Chr. mit Bibel und Schwert christianisierte, musste er nach einem feindlichen Überfall von seiner Heimatinsel Skúvoy fliehen. Er sprang ins Meer und schwamm die etwa 15 km lange Strecke bis nach Sandvík, wurde dort jedoch von einem einheimischen Bauern getötet. Alle Einwohner des Ortes starben 1349 an der Pest, woraufhin die entvölkerte Gegend den Bauern aus Hvalba jahrhundertelang als Weideplatz diente. Erst 1816 wurde Sandvík wieder dauerhaft besiedelt.

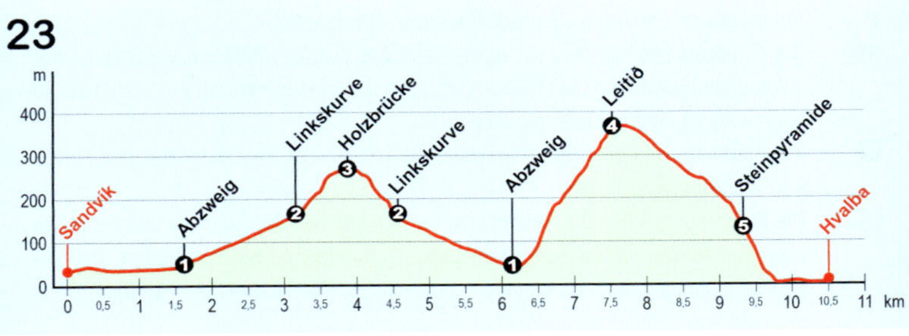

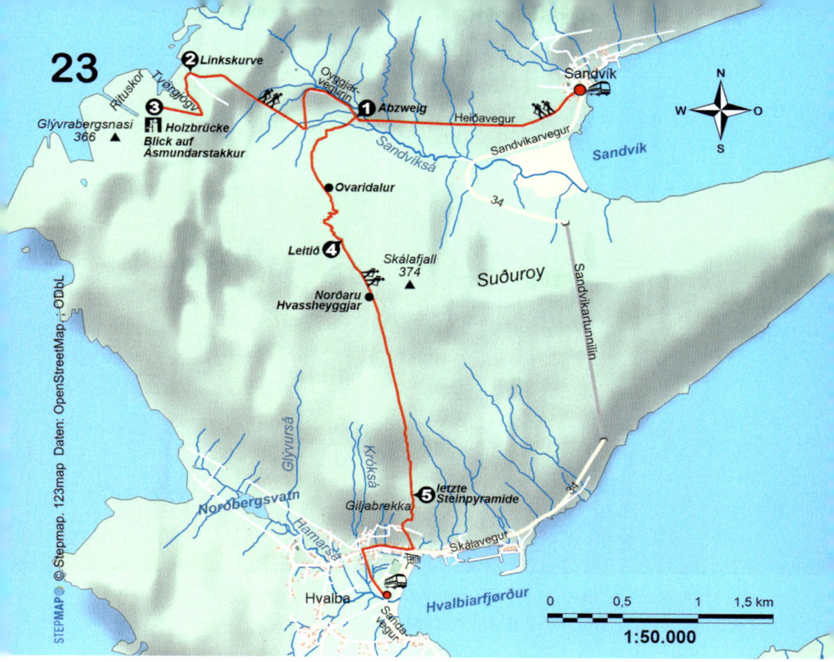

Nach 1,5 km erreichen Sie ein kleines Haus, an dem die Asphaltstraße in eine Schotterpiste übergeht und ihren Namen in **Oyggjarvegurin** ändert. Kurz darauf passieren Sie den Abzweig nach Hvalba ❶ sowie ein Gatter und folgen dem holprigen Fahrweg nun 1,7 km lang leicht bergauf. Unterwegs ignorieren Sie ein Hinweisschild zum Ásmundarstakkur, das Sie schräg über die Wiese leiten möchte. 200 m nachdem die schroffe Küste in Sicht gekommen ist, verlassen Sie die Straße in einer scharfen Linkskurve ❷ und steigen querfeldein den steilen Hang hinauf. 150 m später stoßen Sie auf einen Zaun, der die senkrecht abfallende Felsschlucht ✿ **Tvørgjógv** absperrt und Sie bis zum Aussichtspunkt begleiten wird. Auf einem innerhalb der Absperrung verlaufenden Trampelpfad geht es die nächsten 150 m weiter bis zum Ende der Schlucht.

Von dort wandern Sie am Zaun entlang 100 m kräftig bergauf, wobei Ihnen einige Erdstufen den Anstieg erleichtern. Hinter einer Rechtskurve müssen Sie zwei kleine Bäche durchqueren und kommen schließlich zu einer Holzbrücke und einem Warnschild ❸.

Ziel der Tour ist der Blick auf den Ásmundarstakkur, Foto: Rasmus Steintórsson Biskopstø

↳ Falls Sie einen Abstecher zum Felsen **Rituskor** machen möchten, müssen Sie die schmale Brückenkonstruktion einzeln – und auf eigene Gefahr! – passieren.

Ansonsten genießen Sie von dieser Stelle aus die fantastische Aussicht auf die Steilküste bei Snalingaberg sowie den frei stehenden Felsen **Ásmundarstakkur** und kehren anschließend auf demselben Weg zurück, bis Sie ca. 100 m vor dem kleinen Haus wieder den Abzweig nach Hvalba ❶ erreichen.

↳ Wenn Sie Ihre Wanderung nicht bis Hvalba fortsetzen möchten, können Sie natürlich auch auf der bereits bekannten Route nach Sandvík zurücklaufen.

Der alte Verbindungspfad nach Hvalba führt durch zwei Tore hindurch rechts ins Gelände hinein. Von Steinpyramide zu Steinpyramide geht es zunächst 600 m steil und dann noch einmal 300 m mäßig den Grashang hinauf. Bei **Ovaridalur** heißt es aufgepasst: Die nächsten Markierungen bestehen aus roten Farbpunkten auf Steinen, die nicht immer ganz leicht zu entdecken sind. Mit etwas

Fantasie können Sie bald darauf den alten Pfad erkennen, der sich im Zickzack die letzten 400 m bis zum Kamm hinaufwindet und bei **Leitið** ❹ die höchste Stelle erreicht.

Steinpyramide oberhalb von Hvalba

Nun dürfen Sie aufatmen: An zahlreichen Steinpyramiden entlang wandern Sie ganz bequem über die Hochebene, wobei sich der Blick schon bald auf die Westküste von Hvalba öffnet. Bei **Norðaru Hvassheyggjar** klettern Sie über einen Zaun und setzen Ihren Weg anschließend an einem weiteren Zaun und zahlreichen Steinmännern entlang Richtung Süden fort. Ca. 700 m später beginnt der steile Abstieg ins Tal. Die schöne Aussicht auf die Siedlung Hvalba mit ihren bunten Häusern, dem breiten Sandstrand, einem Fußballplatz und mehreren Kartoffelfeldern entschädigt jedoch für die Strapazen. Wenn Sie nach 600 m die letzte Steinpyramide ❺ erreicht haben, steigen Sie am Zaun und am Bach entlang den sehr steilen Abhang **Giljabrekka** hinab und steuern dabei auf eine 300 m entfernte Pforte zu. Auf diesem kurzen, schwierigen Abschnitt ist Vorsicht geboten, weil der Untergrund sumpfig und rutschig sein kann.

Von der Pforte führen einige Treppenstufen zur Straße **Giljageil**, die Sie bis zu einer Tankstelle und einem kleinen 🛒 Supermarkt bringt. Falls Sie sich noch

Ein Pferd am Weg, Hvalba im Hintergrund

einen Eindruck von der weitläufigen Siedlung **Hvalba** verschaffen möchten, nehmen Sie am besten den Skálavegur (später Bíarvegur) nach rechts, folgen ihm 350 m geradeaus und biegen dann links in den Nyggivegur ab, der in die Hauptstraße Nr. 34 (Sandavegur) mündet. Hier können Sie per Handzeichen den Linienbus Nr. 701 Richtung Sandvík oder Tvøroyri stoppen.

Die kleine Ortschaft **Hvalba** blickt auf eine über 1.000-jährige Geschichte zurück, zählt heute ca. 600 Einwohner und liegt strategisch günstig an einer sehr schmalen, nur 1,5 km breiten Landenge. Dies hatte früher den großen Vorteil, dass die Bewohner mit ihren Booten je nach Wetterlage und Windrichtung entweder an der Ost- oder an der Westküste der Insel anlegen konnten. Leider wussten auch Piraten diese günstige Lage zu schätzen. 1629 erlitt Hvalba einen grausamen Schicksalsschlag, als 500 algerische Seeräuber das Dorf plünderten, sechs Männer töteten und 30 Frauen und Kinder als Sklaven nach Nordafrika verschleppten. Doch nicht immer hatten unerwünschte Gäste solches Glück – manchmal zerschellten ihre Schiffe an den schroffen Klippen, bevor sie an Land gehen und Unheil anrichten konnten.

24 Von Nes nach Trongisvágur

Tour für Freunde von weiten Panoramen und felsigen Schluchten

Diese Tour folgt einem alten Fußweg, der bis vor ca. 60 Jahren die einzige Verbindung zwischen Hvalba und Trongisvágur darstellte. Erst 1963 wurden die beiden Ortschaften durch eine Fahrstraße und einen Tunnel miteinander verbunden. Der steile Anstieg bei der Schlucht Káragjógv sollte nicht unterschätzt werden, der weitere Verlauf des Weges ist aber gut zu bewältigen. Die friedliche Stille auf der Hochebene und der fantastische Ausblick über mehrere Inseln lassen die Herzen von Naturliebhabern höherschlagen.

→ Start: Wanderparkplatz Nes (noch vor den ersten Häusern des Ortes), GPS N 61°35.435' W 006°56.129'; Ziel: Eingangstor zur Plantage in Trongisvágur, GPS N 61°33.848' W 006°51.952'

5,4 km

2 Std. 30 Min.

↑↓ 387 m/342 m

⇧ 0-363 m

Von den Holzpfählen, die die Route ursprünglich ausgewiesen haben, ist leider kaum noch etwas zu sehen. Auf dem ersten Kilometer bis zur Schlucht Káragjógv sind deshalb eine hohe Aufmerksamkeit und etwas Orientierungsvermögen gefragt. Die sich anschließende, 3,3 km lange Strecke über die Hochebene ist mit zahlreichen Steinpyramiden sehr gut markiert.

Nach einem kurzen Abschnitt über die Wiese folgen Sie einem breiten Grasweg bis zur Schlucht Káragjógv. An ihrer linken Seite führt ein gut sichtbarer Pfad steil bergauf. Anschließend geht es auf einem außergewöhnlich breiten Weg über die Hochebene und quer durchs Gelände hinab nach Trongisvágur.

Es gibt unterwegs keine Einkehrmöglichkeiten.

Am Wegesrand befinden sich keine Bänke oder Picknickplätze.

Aufgrund der steilen An- und Abstiege ist die Wanderung für Kinder im Grundschulalter nicht zu empfehlen.

Am Startpunkt gibt es einen kostenfreien Wanderparkplatz mit Infotafel.

Die Buslinie 701 Richtung Sandvík legt nach telefonischer Vorbestellung einen Stopp in Nes ein, +298/21 23 24 oder +298/21 23 41. Am Zielpunkt gibt es keine offizielle Bushaltestelle, Sie können den Bus 701 Richtung Sandvík oder Richtung Tvøroyri aber per Handzeichen anhalten. Informieren Sie sich vorher über die genauen Abfahrtzeiten, die auf den Fahrplan der Fähre „Smyril" abgestimmt sind und von Tag zu Tag variieren.

Informationen zur Fährfahrt von Tórshavn nach Suðuroy finden Sie in den ☞ Reise-Infos.

Der Zielpunkt entspricht dem Startpunkt der ☞ Tour 27, sodass Sie gegebenenfalls bis nach Fámjin oder sogar bis nach Vágur weiterwandern könnten.

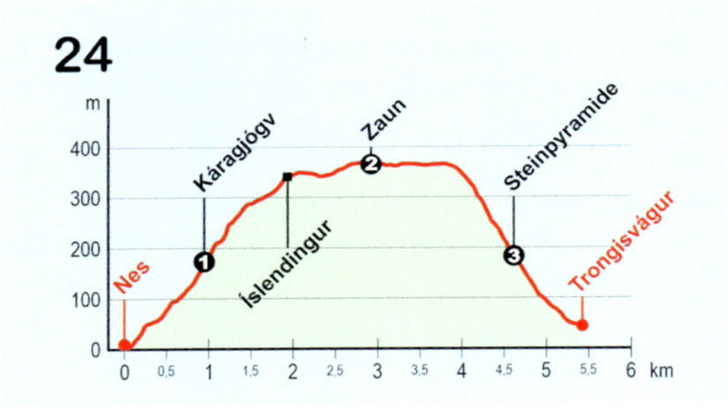

Der Startpunkt der Tour liegt an der Informationstafel bei **Fitjarnar**, noch vor den ersten Häusern von **Nes**. Mit dem Wanderparkplatz und der Meeresbucht im Rücken laufen Sie durch

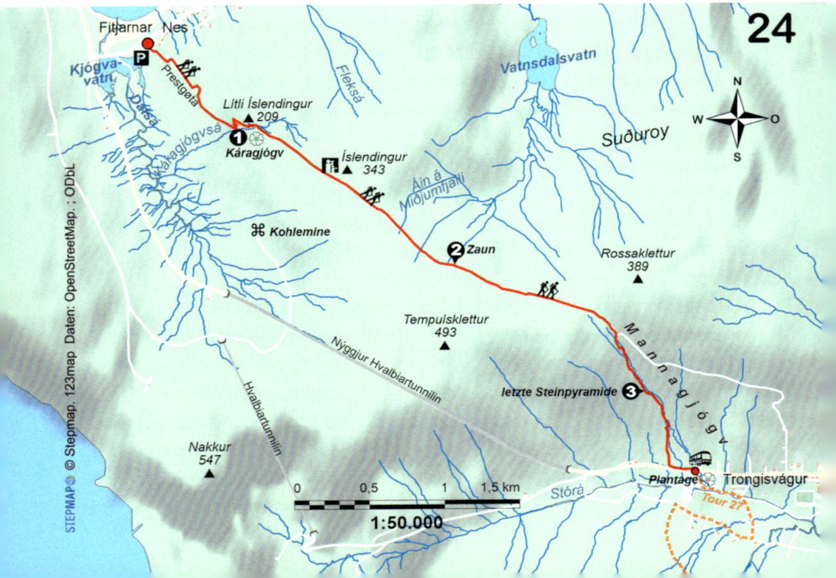

Bei Lítli Hamar bilden die Felsen eine natürliche Treppe, Foto: Nita Næs

ein Tor auf die Wiese und steuern dabei auf einen einsamen Holzpfahl zu, der den Einstieg in den Wanderweg markiert. Von weiteren Holzpfählen sind leider nur noch kaum sichtbare Stümpfe übrig. Nach 200 m bilden bei **Lítli Hamar** linker Hand einige Felsen eine Art natürliche Treppe, die Sie hinaufsteigen.

100 m später können Sie durch ein Loch unter dem links von Ihnen liegenden Zaun hindurchschlüpfen. Nun führt ein breiter, angenehmer Grasweg ins Tal hinein. Dieser Abschnitt wird als „Priesterpfad" (Prestgøta) bezeichnet, weil der Priester hier früher nicht von seinem Pferd absteigen musste. Nach 200 m schwenkt der Weg kurz nach links und verläuft dann am Hang entlang weiter geradeaus.

Auf der gegenüberliegenden Seite sehen Sie die alte Landstraße, die am Ende des Talkessels in einem 1,4 km langen, einspurigen Tunnel verschwindet. Er wurde 1963 als erster Tunnel auf den Färöern fertiggestellt und schloss die Ortschaft Hvalba an das Straßennetz an. Bis dahin mussten die Bewohner über den alten Verbindungsweg zu Fuß nach Trongisvágur gehen. Das stetig zunehmende Verkehrsaufkommen machte den Bau eines modernen, zweispurigen Tunnels erforderlich, der etwas weiter östlich verläuft und 2021 eröffnet wurde. Vom alten Tunnelausgang führt ein schmaler Weg zur einzigen noch sporadisch betriebenen

⌘ **Kohlemine** der Färöer. Im Gebiet Rókhagi wurde bereits um 1780 „schwarzes Gold" gewonnen, die heutige Mine besteht jedoch erst seit 1972. Während die Kohle im Zweiten Weltkrieg noch bis nach England verschifft wurde, erfolgt der Abbau inzwischen lediglich für private Zwecke.

Das Gebiet wird felsiger und der Pfad ist an einer Stelle sogar durch eine alte Leitplanke befestigt.

Achten Sie darauf, dass Sie unmittelbar an der Leitplanke entlanglaufen und nicht weiter oberhalb!

Die imposante Schlucht Káragjógv

Kurz darauf haben Sie die steile und felsige Schlucht **Káragjógv** ❶ erreicht. An ihrer linken Seite geht es auf einem gut erkennbaren Pfad in Serpentinen ca. 300 m sehr steil bergan. Bleiben Sie unbedingt auf dem vorgegebenen Weg, damit Sie nicht wie der Priester Kári – der der Schlucht ihren Namen gab – in den Abgrund stürzen. Auf der Kuppe **Lítli Íslendingur** angekommen, queren Sie einen kleinen Bach und kommen gleich darauf zur ersten Steinpyramide. An zahlreichen Wegmarkierungen entlang wandern Sie nun 800 m gemächlich bergauf bis zur nächsten Anhöhe **Íslendingur** und können dabei zurückblickend eine tolle Aussicht auf Hvalba und den Fjord Hvalbiarfjørður genießen. Dann gelangen Sie zu einem Zaun, der sich mithilfe von Steinen auf beiden Seiten gut überwinden lässt. Während ein außergewöhnlich breiter, ebener Weg an Steinpyramiden und alten Strommasten entlang über die Hochebene führt, erscheinen nach und nach die Inseln Lítla Dímun, Stóra Dímun und Skúvoy im Blickfeld. Sie durchqueren den Bach **Áin á Miðjumfjalli** und steigen 200 m später über einen weiteren Zaun ❷. Links unten im Tal liegt nun der idyllische See **Vatnsdalsvatn**, der als Vogelparadies gilt. Kurz nachdem Sie ein kaputtes Tor und einen niedergerissenen Zaun

Von der Anhöhe Íslendingur bietet sich eine weite Aussicht bis nach Hvalba

passiert haben, öffnet sich der Blick auf den Fjord Trongisvágsfjørður mit der Ortschaft Tvøroyri am Nordufer und dem Fähranleger Krambatangin am Südufer.

Etwa 200 m später beginnt der Abstieg, wobei der Untergrund von Gestein in Gras übergeht. Nach weiteren 200 m heißt es aufgepasst, denn der Weg teilt sich und führt an beiden Seiten der Schlucht **Mannagjógv** hinab. Sie folgen den Steinpyramiden rechts der Schlucht und wandern über unebenes und teilweise feuchtes Terrain mit kleinen Wasserläufen steil bergab.

Nach 500 m erreichen Sie die letzte Steinpyramide ❸ und setzen Ihren Weg am Fluss entlang bis zum (verschlossenen!) Tor in die Innenmark fort. Etwas weiter rechts davon lässt sich der Drahtzaun mithilfe eines Zauntritts überwinden. Über die Wiese und sumpfige Stellen geht es die letzten 250 m hinunter bis zur Fahrstraße. Meiden Sie dabei das extrem abschüssige Gelände am Zaun, indem Sie sich etwa 50 m weiter rechts halten. Um auf den Trongisvágsvegur zu gelangen, müssen Sie zunächst links und dann geradeaus über zwei Zäune klettern. Abschließend folgen Sie der bequemen Asphaltstraße bergab bis zur 100 m entfernten **Plantage** von **Trongisvágur**.

25 Von Tvøroyri nach Hvannhagi

Tour für Liebhaber von friedlichen Tälern und klaren Seen

Das friedliche Tal Hvannhagi wird von hohen Bergen umrahmt und gilt mit seiner geschützten Lage und seinem spiegelglatten See Hvannavatn als einer der idyllischsten Plätze Suðuroys. Hier durchbrechen nur vereinzelte Vogelrufe oder das sanfte Plätschern der Wellen die wohltuende Stille. Auf dem kurzen und weitgehend einfachen Weg dorthin können Sie die Aussicht über die Inseln Lítla Dímun, Stóra Dímun, Skúvoy und Sandoy genießen.

Start/Ziel: Touristinformation Tvøroyri, Tvørávegur 37, 800 Tvøroyri, GPS N 61°33.289' W 006°48.433'

7,8 km

2 Std. 40 Min.

384 m/384 m

18-212 m

Am Ende des Fahrwegs beginnt eine sehr gute Wegmarkierung mit orangen Holzpfählen und vereinzelten Steinpyramiden.

Die ersten 1,8 km der Route verlaufen auf befestigten Straßen. Dann geht es ca. 1,3 km ohne Weg über die Hochebene und schließlich 800 m auf einem Trampelpfad bis nach Hvannhagi.

Einkehrmöglichkeiten gibt es nur im Zentrum von Tvøroyri.

Bänke und einen schönen Picknickplatz finden Sie in der Plantage von Tvøroyri gegen Ende des Weges (km 7,3).

Aufgrund einiger steiler Passagen ist die Wanderung für Kinder unter 10 Jahren nicht zu empfehlen.

Etwa 50 m östlich der Touristinformation gibt es auf der rechten Straßenseite einen kostenfreien Parkplatz.

Von Süden kommend erreichen Sie Tvøroyri mit der Buslinie 700, von Norden oder von Fámjin kommend mit der Buslinie 701. Eine Haltestelle befindet sich z. B. an der Apotheke, ca. 100 m östlich von der Touristinformation. Informieren Sie sich vorher über die genauen Abfahrtzeiten.

Informationen zur Fährfahrt von Tórshavn nach Suðuroy finden Sie in den Reise-Infos.

Erfahrene und trittsichere Wanderer können für den Rückweg eine Variante wählen, die von Hvannhagi durch die Schlucht Frostgjógv führt.

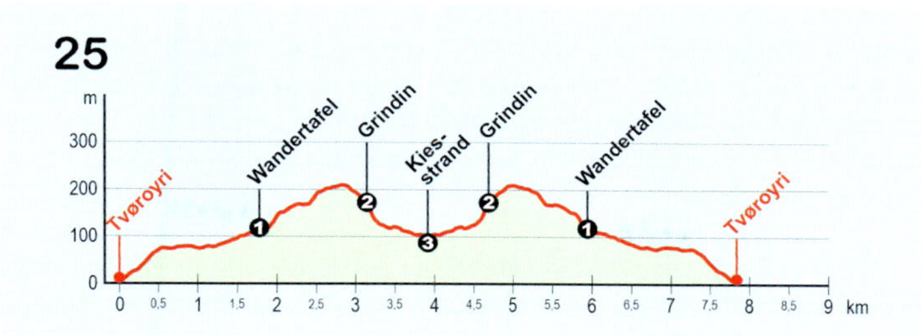

Die Wanderung verläuft über privates Gelände, das bislang ohne Gebührenpflicht betreten werden darf. Über mögliche Änderungen informiert Sie die Touristinformation in Tvøroyri.

Von der Touristinformation in **Tvøroyri** (☞ S. 14) laufen Sie 60 m Richtung Westen und biegen hinter dem rechts liegenden Hotel Tvøroyri rechts auf die Doktaragøta ab. An der nächsten T-Kreuzung geht es links auf den Sornhúsvegur und ca. 100 m später am Krankenhaus rechts auf die Sjúkrahúsbrekkan. Dieser Straße folgen Sie 200 m steil bergauf und nehmen dann den **Ovari Vegur** nach links. Mit einem schönen Blick über den Fjord und die Ortschaft Trongisvágur wandern Sie 1 km leicht bergauf und passieren unterwegs einzelne Häuser. Bei einem Gatter geht die Asphaltstraße in eine Schotterpiste über und endet 450 m später an einer **Wandertafel ❶**.

Durch eine Pforte betreten Sie die Außenmark und steigen an einem Zaun und orangen Holzpfählen entlang 50 m steil bergan. Dann setzen Sie Ihren Weg auf einem gut

erkennbaren Erdpfad fort, der am westlichen Hang des 288 m hohen **Skornasaklettur** verläuft und nach 600 m zu einer Steinpyramide gelangt. Jetzt ist es nicht mehr weit bis zur Anhöhe, von der aus sich ein schöner Ausblick auf die Insel Lítla Dímun bietet. Während die Wegmarkierungen Sie quer über die Wiese und leicht bergab Richtung Meer leiten, kommen auch die Inseln Stóra Dímun, Skúvoy und Sandoy in Sicht.

Mit einer Größe von 80 ha ist **Lítla Dímun** die kleinste und zudem die einzige unbewohnte Insel der Färöer. Ihre unberührte Natur gilt als Paradies für Papageitaucher und etwa 270 Schafe. Die drittkleinste Insel **Stóra Dímun** hat eine Größe von 250 ha und wurde bereits zur Landnahmezeit besiedelt. Der einzige Bauernhof wird aktuell von zwei Familien bewirtschaftet. Beide Inseln haben keine regelmäßige Verkehrsanbindung und können nur im Rahmen von geführten Ausflügen besucht werden.

Bei Grindin ist die Küste erreicht

350 m später passieren Sie bei **Grindin** ❷ ein schönes Holztor und erreichen die zerklüftete Küste. Auf einer neu angelegten Steintreppe müssen Sie nun ein

Der See Hvannavatn liegt geschützt unterhalb der schroffen Felswand

kurzes Stück steil bergab steigen, während rechter Hand eine beeindruckende Schlucht klafft. Dann haben Sie die größte Herausforderung gemeistert und folgen der deutlichen Trittspur um den Berg **Fjallið** herum Richtung Nordwesten. 400 m später hilft Ihnen eine Treppe über eine schwierige Stelle hinweg. Nach einer kurzen ausgesetzten Passage und einigen Schritten durch ein Gesteinsfeld kommt der idyllische See **Hvannavatn** in Sicht. Die letzten 50 m bis zum Ufer mit **Kiesstrand ❸** geht es den Hang steil bergab.

Bevor Sie wieder umkehren, sollten Sie die besondere Atmosphäre in diesem wunderschönen Tal ausgiebig genießen. Nur vereinzelte Vogelrufe und das sanfte Plätschern der Wellen durchbrechen die wohltuende Stille.

↳ Erfahrene Wanderer können den Rückweg durch die südlich vom See gelegene Schlucht Frostgjógv antreten. Auf dem stellenweise rutschigen Geröll ist entsprechende Vorsicht geboten.

Auch wenn Sie von **Hvannhagi** dieselbe Strecke wieder zurücklaufen, müssen Sie keine Langeweile fürchten. Denn Sie betrachten die Küste nun aus einer anderen Perspektive und können z. B. kurz vor Erreichen des Holztores bei Grindin ❷

Tvøroyri ist das wichtigste Versorgungszentrum Suđuroys

die interessanten Felsformationen von Dysjarnar sehen. Eine kleine, aber feine Alternative verlässt kurz vor Tvøroyri die Straße Ovari Vegur und macht einen Abstecher durch die liebevoll angelegte ❀ Plantage **Viðarlundin**.

Wenn Sie etwa 100 m vor dem Waldstück angekommen sind, führt rechts ein schmaler Schotterweg zur Eingangspforte hinab. Sie betreten das Dickicht und befinden sich sofort in einer völlig anderen Welt mit Schatten spendenden Bäumen, mehreren Bänken und einem schönen Picknickplatz am östlichen Ende der Plantage. Durch eine Pforte gelangen Sie oberhalb des Krankenhauses auf die Straße Sjúkrahúsbrekkan und nehmen den bereits bekannten Weg über den Sornhúsvegur und die Doktaragøta zurück zur **Touristinformation**.

26 Rundgang durch Tvøroyri und Froðba

Tour für Hobbygeologen und Küstenfans

Der bequeme, familienfreundliche Spaziergang führt auf einer kleinen Straße von Suðuroys größter Ortschaft Tvøroyri bis zur ältesten Siedlung Froðba. Unterwegs kommen Sie nicht nur an außergewöhnlich schönen Basaltformationen, sondern auch an zwei interessanten Denkmälern und einer Kirche vorbei. Natürlich spielen herrliche Ausblicke auf das allgegenwärtige Meer und die zerklüftete Küste bei dieser abwechslungsreichen Tour ebenfalls eine wichtige Rolle.

- Start/Ziel: Touristinformation Tvøroyri, Tvørávegur 37, 800 Tvøroyri, GPS N 61°33.289' W 006°48.433'
- 7,8 km
- 2 Std.
- 201 m/201 m
- 0-63 m
- Der Weg ist nicht markiert, aber einfach zu finden.
- Die Route verläuft durchgehend auf befestigten Straßen und Wegen.
- Unterwegs kommen Sie an dem kleinen Café Mormor vorbei. Weitere Einkehrmöglichkeiten finden Sie im etwas weiter westlich gelegenen Zentrum von Tvøroyri.
- Am Wegesrand gibt es mehrere Bänke und einen schönen Picknickplatz direkt am Meer (km 4,3).
- Der einfache Spaziergang ist schon für kleinere Kinder gut geeignet und kann auch mit einem Buggy gegangen werden.
- Etwa 50 m östlich der Touristinformation befindet sich auf der rechten Straßenseite ein kostenfreier Parkplatz.
- Von Süden kommend erreichen Sie Tvøroyri mit der Buslinie 700, von Norden oder von Fámjin kommend mit der Buslinie 701. Eine Haltestelle befindet sich z. B. an der Apotheke, ca. 100 m östlich von der Touristinformation. Informieren Sie sich vorher über die genauen Abfahrtzeiten.
- Informationen zur Fährfahrt von Tórshavn nach Suðuroy finden Sie in den Reise-Infos.

Von der Touristinformation in **Tvøroyri** (S. 14) folgen Sie dem Tvørávegur ca. 100 m in östliche Richtung (nach links) und biegen dann halb rechts auf die Straße Undir Heygnum (später Við Silá und Froðbiarvegur) ab. Auf Ihrem Weg

Lachszuchtanlage bei Froðba

zum Ortsausgang passieren Sie das Café Mormor sowie einen kleinen Supermarkt.

Café Mormor, Undir Heygnum 38, 800 Tvøroyri, +298/28 78 10, Öffnungszeiten bitte erfragen

Hinter den letzten Häusern nimmt der Verkehr auf der Straße deutlich ab und Sie können den Ausblick über den weiten **Trongisvágsfjørður** mit Lachszuchtanlagen und der kleinen Schäre **Tjaldarvíkshólmur** in vollen Zügen genießen. Nach insgesamt 1,3 km liegt rechter Hand der **Friedhof ❶**.

Weiter geht es am nördlichen Fjordufer entlang zur zerstreuten Siedlung **Froðba**. Der Sage nach war ihr Gründer ein Häuptling namens Fróði, der aus Dänemark kam und sich eigentlich auf dem Weg nach Irland befand. Zwischen den vereinzelten Wohnhäusern grasen Schafe auf eingezäunten Weiden und vermitteln einen Eindruck ländlicher Idylle.

Dann sehen Sie am linken Straßenrand bereits beeindruckende Basaltsäulen mit ihrer charakteristischen, sechseckigen Form. Kurz darauf haben Sie die

Möglichkeit zu einem 350 m langen Abstecher, indem Sie links auf einem schmalen Weg den Hang hinaufsteigen. Hier steht eine schöne Bank, von der aus Sie bis zu der kleinen Ortschaft Øravík schauen können. Der Weg endet am ⌘ Denkmal für den Heimatdichter Poul F. Joensen, das Sie später noch von der anderen Seite aus ansteuern werden.

Wieder auf der Landstraße Froðbiarvegur angekommen, liegen rechts unten im Tal herrliche Basaltformationen. An einem kleinen Friedhof und weiteren Wohnhäusern vorbei setzen Sie Ihren Weg bis zu einer Brücke fort, an der der Fluss **Ranndalsá** einen kleinen Wasserfall bildet. 150 m später weist ein Schild auf die sehenswerte Schlucht **Kúlagjógv** hin. Um dorthin zu gelangen, steigen Sie über eine Zauntreppe und folgen den gelben Holzpfählen die Wiese hinab bis zum 100 m entfernten Ufer. Dort erwartet Sie direkt hinter einer weiteren Zauntreppe ein besonders schöner Blick auf regelmäßig angeordnete, sechseckige Basaltsäulen.

Zurück auf der Landstraße bietet sich 200 m später bereits der nächste Abstecher an. Dieses Mal biegen Sie in einer scharfen Linkskurve leicht rechts auf einen Schotterweg ab und halten sich am folgenden Abzweig halb links. Nach insgesamt 450 m erreichen Sie einen idyllischen Picknickplatz am Wasser ❷ mit einem schönen Blick auf die Steilküste und die kleine Grotte **Holið í Helli**.

Wenn Sie bis zur Landstraße Froðbiarvegur zurückgegangen sind, folgen Sie ihr halb rechts den Hügel hinauf und gelangen nach 500 m zum bereits erwähnten **⌘ Denkmal für den Heimatdichter Poul F. Joensen** (1898-1970), der über 50

Basaltsäulen bei Kúlagjógv

Jahre seines Lebens in Froðba verbrachte. Nachdem er einige Jahre als Lehrer gearbeitet hatte, gab er seinen Beruf auf und lebte fortan als „kleiner Mann". Ganz in der Nähe des Gedenksteins bewirtschafte er einen bescheidenen Hof und widmete sich nebenbei der Dichtkunst. Sein umfassendes Werk reicht von beißender Satirik bis zu zarter Liebeslyrik.

Die Route verläuft nun 1 km weiter geradeaus, biegt dann an einer Bushaltestelle links ab und führt den Hügel hinab bis zu einer T-Kreuzung. Hier folgen Sie der Straße Sjógøta nach rechts und kommen gut 100 m später zu einem monumentalen ⌘ **Denkmal mit zahlreichen Steinplatten** ❸, auf denen die Namen der Opfer von Schiffsunglücken eingraviert sind. Ihrer wird jedes Jahr am 1. November feierlich gedacht.

Mit einem schönen Blick über die zusammengewachsenen Orte Tvøroyri und Trongisvágur laufen Sie am Fußballfeld vorbei bis zur 900 m entfernten ✝ Kirche, einem schlichten Bau im norwegischen Stil aus dem Jahr 1907. Kurz vor der Kirche halten Sie sich halb links, gehen die Kirkjubrekkan hinab und erreichen nach 300 m den Ausgangspunkt an der ℹ **Touristinformation**.

Tvøroyri zählt mit den beiden eingemeindeten Ortschaften Trongisvágur und Froðba ca. 1.700 Einwohner und ist somit das größte und wichtigste Versorgungszentrum Suðuroys. Hier finden Sie neben Geschäften und Restaurants auch den Fähranleger, das Krankenhaus sowie einen großen Fischereihafen mit einer modernen Fischverarbeitungsfabrik. Die Geschichte Tvøroyris begann erst 1836, als der dänische Monopolhandel an der Nordseite des Trongisvágsfjørður einen kleinen Außenposten eröffnete. Schon bald entwickelte sich in dessen Nähe eine florierende Siedlung, denn die Klippfischproduktion zog zahlreiche Menschen an. Zu Beginn des 20. Jahrhunderts hatte ca. ein Drittel aller färöischen Fischerboote hier seinen Heimathafen.

Die Straße von Froðba

27 Von Trongisvágur über Fámjin nach Vágur

Tour für sportlich Ambitionierte und Ruhesuchende

Bei dieser ausgedehnten Tagestour erkunden Sie auf alten Verbindungswegen das Zentrum der 164 km² großen Insel Suðuroy. Unterwegs müssen Sie mehrere An- und Abstiege bewältigen und dabei ca. 850 Höhenmeter überwinden. Auf der Hälfte der Strecke liegt der malerische Ort Fámjin mit seiner Kirche von 1876, in der Sie die älteste färöische Flagge besichtigen können. Zu dem verschlafenen Nest bildet die pulsierende Kleinstadt Vágur mit zahlreichen Versorgungseinrichtungen und einer guten Infrastruktur einen schönen Kontrast.

→ Start: Eingangstor zur Plantage in Trongisvágur, GPS N 61°33.843' W 006°51.951'; Ziel: Bushaltestelle am Vágsvegur in Vágur, GPS N 61°28.404' W 006°48.969'

16,9 km

6 Std.

↑↓ 847 m/893 m

⇧ 1-387 m

Es handelt sich um einen alten Verbindungsweg, der im Bereich der Außenmark mit traditionellen Steinpyramiden markiert ist. An einigen Stellen ist trotzdem ein gutes Orientierungsvermögen vonnöten.

Die Route führt hinter Fámjin und vor Vágur insgesamt 5,8 km über befestigte Wege. Die verbleibenden ca. 11 km wandern Sie streckenweise auf einem gut erkennbaren Pfad und streckenweise ohne vorgegebenen Weg durch offenes Gelände.

Unterwegs gibt es keine Einkehrmöglichkeiten, in Vágur könnne Sie sich aber stärken, bevor Sie den Bus zurück zum Ausgangspunkt nehmen.

Am Wegesrand gibt es keine Bänke oder Picknickplätze.

Die Tour ist aufgrund ihrer Länge und der steilen An- und Abstiege erst für Kinder ab 14 Jahren zu empfehlen.

P Am Startpunkt gibt es keinen Parkplatz, Sie können das Auto jedoch in unmittelbarer Nähe am Straßenrand oder in einer Haltebucht abstellen.

Der Startpunkt liegt etwa 1,5 km westlich von Tvøroyri und ist mit der Buslinie 701 zu erreichen. Bitten Sie den Fahrer, Sie an der Plantage aussteigen zu lassen. Von Vágur bringt Sie die Buslinie 700 zurück nach Tvøroyri. Informieren Sie sich vorher über die genauen Abfahrtzeiten der Busse. Die letzte Abfahrt der Linie 700 erfolgt werktags gegen 16:30, samstags und sonntags gibt es leider keine Busverbindung am Nachmittag.

Informationen zur Fährfahrt von Tórshavn nach Suðuroy finden Sie in den ☞ Reise-Infos.

Sie können die Tour abkürzen, indem Sie nur von Trongisvágur nach Fámjin (ca. 7 km) oder nur von Fámjin nach Vágur (ca. 10 km) wandern. Fámjin ist durch die Buslinie 701 an den öffentlichen Nahverkehr angeschlossen, allerdings muss der Bus spätestens eine Stunde vorher telefonisch vorbestellt werden, +298/21 23 24 oder +298/21 23 41.

Durch eine Pforte betreten Sie die kleine Plantage von **Trongisvágur**, folgen dem schön angelegten Weg hinab bis zum Fluss Stórá, orientieren sich nach links und laufen am Wasser entlang bis zu einer Brücke. Am anderen Ufer halten Sie sich rechts und stoßen 300 m später auf eine T-Kreuzung, an der Sie rechts in die Asphaltstraße Við Rangá einbiegen. Nach 600 m gelangen Sie zum Hinweisschild Gl. Fámjinsgøtan ❶, an dem der alte Verbindungsweg nach Fámjin beginnt.

Sie betreten links von der Straße die Außenmark, steigen über einen Zauntritt und folgen den Steinpyramiden den Hang hinauf. Während das Gelände zunehmend steiniger wird und der Weg mäßig ansteigt, geht es über einen weiteren Drahtzaun und unter einer Stromleitung hindurch. Nach 900 m ist der aufgestaute Fluss **Gamlansá** erreicht, der sich etwas weiter rechts gut queren lässt. Bei hohem Wasserstand sollten Sie allerdings die Schuhe ausziehen und barfuß hindurchwaten. Wenn Sie etwa 800 m später die letzte Steinpyramide ❷ passiert haben, liegt eine steile und anstrengende Passage vor Ihnen. Etwas weiter links verläuft am Hang des 443 m hohen Berges Oyrnafjall ein gut erkennbarer Trampelpfad, zu dem Sie quer durch das Gelände hinaufsteigen und der

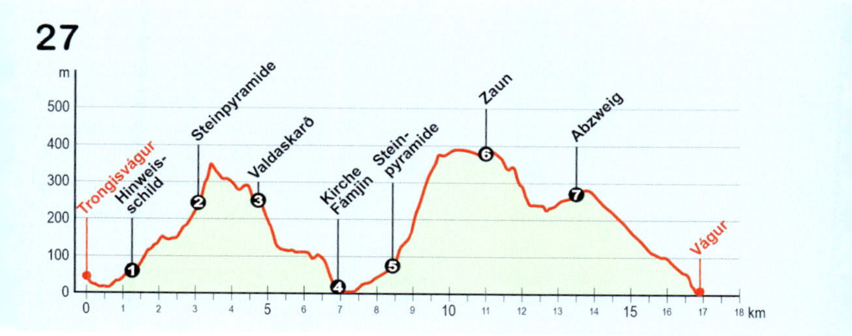

Sie anschließend zum 200 m entfernten Pass **Oyrnaskarð** bringt.

Im weiteren Verlauf dürfen Sie weder dem links um den Berg herumführenden Pfad folgen noch geradeaus ins Tal hinabsteigen, sondern müssen sich an die Steinpyramiden halten, die rechts am Hang entlangführen. Dabei eröffnet sich im Osten ein schöner Blick auf die kleine Siedlung Øravík und den Trongisvágsfjørður. Sie passieren bei **Harðgreipur** eine steinige Stelle, an der für kurze Zeit ein Pfad auszumachen ist, und kommen 300 m später zu einer direkt an einem Bach und einem Zaun gelegenen Steinpyramide. Jetzt sind es noch etwa 200 m bis zum Pass **Valdaskarð** ❸, von dem aus sich bereits ein schöner Blick auf den See Kirkjuvatn bietet.

Der 600 m lange, anspruchsvolle Abstieg bis **Mýrin í Skarði** erfolgt im Zickzack auf einem gut erkennbaren, aber stellenweise ausgesetzten Pfad.

Unterwegs müssen Sie u. a. eine rutschige Erdschlucht queren. Dann haben Sie die größte Herausforderung geschafft und laufen bequem über die Wiese bis zum **Kirkjuvatn** und anschließend am linken Ufer entlang. Wenn am Ende des Sees eine Steinpyramide direkt am Zaun steht, wenden Sie sich nach rechts und folgen dem Zaun, bis Sie ihn am Schluss übersteigen und gleich darauf zwei Pforten passieren. Kurz vor der letzten Steinpyramide öffnet sich der Blick auf den kleinen Ort **Fámjin** und die geschützte Bucht Vatnið. Das letzte Stück verläuft auf einem schmalen Pfad, der sich durch hohes, feuchtes Gras den Hang hinabschlängelt und 200 m später an einer Brücke und einem schönen, mehrstufigen Wasserfall endet. 50 m später ist die ✞ **Kirche von Fámjin** ❹ erreicht.

Wasserfall bei Fámjin

Fámjin (ca. 80 Einwohner) ist die einzige Siedlung an der Westküste Suðuroys und gehörte bis zum 1939 erfolgten Anschluss an das Straßennetz zu den abgelegensten Dörfern der Färöer. Die schiefergedeckte, kalkweiße ✞ **Kirche** aus dem Jahr 1876 ist einen Besuch wert, denn sie beherbergt nicht nur einen Grabstein mit Runeninschrift aus dem 16. Jahrhundert, sondern auch das älteste Exemplar der färöischen Flagge. Jens Oliver Lisberg aus Fámjin hatte die weiße Flagge mit rotem Kreuz und blauem Rand 1919 während seiner Studienzeit in Kopenhagen gemeinsam mit einem Kameraden entworfen und selbst genäht. Es sollten jedoch noch 40 Jahre vergehen, bis sie offiziell anerkannt und eingeführt wurde.

An der Kirche biegen Sie links auf die Landstraße Nr. 32 (**Fámjinsvegur**) ab und folgen ihr insgesamt 1 km durch das Dorf sowie den Hang hinauf bis zu einer scharfen Linkskurve. Nach weiteren 400 m befindet sich an der vierten Haltebucht der Einstieg zum alten Verbindungsweg nach Vágur. In 50 m Entfernung sehen Sie rechts im Gelände bereits die erste **Steinpyramide** ❺. Sie klettern über einen Zaun und wandern an gut sichtbaren Markierungen entlang steil die Wiese hinauf. Unterwegs taucht an zwei Stellen ein deutlich erkennbarer Pfad auf, der sich jedoch jedes Mal schnell wieder verliert. Das Gelände flacht zwischendurch ein wenig ab, wird gegen Ende des Aufstiegs aber wieder steiler. Nach insgesamt 1,3 km erreichen Sie die Anhöhe und können aufatmen.

Nun führt eine gut sichtbare Trittspur an zahlreichen Steinpyramiden entlang um den 525 m hohen Berg **Høgøksl** herum. Dabei bietet sich ein schöner Blick auf die steile Küste und das Meer. Nach einem 1 km langen, angenehmen Abschnitt auf gleichbleibender Höhe passieren Sie bei **Kelduvarðin** zwei sumpfige Stellen. 300 m später erreichen Sie einen Zaun ❻, den Sie mithilfe einer Trittstufe überwinden müssen, da das Tor leider verschlossen ist.

Kurz darauf wendet sich der Weg vom Berghang ab und verläuft über die stellenweise feuchte Hochebene in südliche Richtung, bis nach 450 m unten im Tal der kleine See **Músavtan** sichtbar wird. Sie lassen ihn links liegen und steigen über den Hang Loskarbrekka steil bergab bis zum 600 m entfernten Stausee **Ryskivatn**, an dessen Nordwestspitze eine schöne Steinpyramide steht. Um zur Fahrstraße nach Vágur zu gelangen, müssen Sie über die ❩ Staumauer gehen und sich dabei seitlich an einer Absperrung vorbeiquetschen. Anschließend folgen Sie dem Straßenverlauf, der hinter einer Linkskurve unter den Wasserrohren des Kraftwerks hindurchführt und anschließend leicht ansteigt.

Etwa 1 km später ignorieren Sie den Abzweig nach **Botnur** ❼ und laufen immer weiter geradeaus Richtung Vágur. Während es spürbar bergab geht, öffnet sich der Blick zunächst auf das Südufer des Fjordes Vágsfjørður und dann auch auf Vágurs Westküste mit dem See Vatnið und den steil abfallenden Klippen bei Vesturi í Nøs. An der nächsten T-Kreuzung halten Sie sich links, folgen dem **Dalsvegur** in kleinen Serpentinen abwärts und erreichen nach ca. 1,7 km den oberen Ortsrand von **Vágur**. Der Weg ins Zentrum führt an der T-Kreuzung rechts auf den Skálavegur, 150 m später links über eine Brücke auf die Straße Geilin und nach weiteren 150 m rechts auf einen kleinen Fußweg. Dieser leitet Sie hinab bis

Die westlichen Ausläufer von Vágur mit dem See Vatnið,
Foto: Johannes Theodor Høgagarð

zum Fossavegur, den Sie ein kleines Stück nach rechts gehen, um dann gleich wieder links auf einen Fußweg abzubiegen, der Sie zum Toftavegur bringt.

Diesem folgen Sie 50 m nach rechts bis zur Hauptstraße **Vágsvegur**. Die Bushaltestelle befindet sich etwas weiter links, direkt gegenüber vom christlichen Zentrum Bethel.

In der geschäftigen Kleinstadt **Vágur** im Herzen Suðuroys leben ca. 1.350 Menschen. Das Stadtbild ist durch eine bunte Mischung aus modernen Gebäuden und alten, restaurierten Handels- und Packhäusern geprägt und besticht durch einen ganz eigenen Charme. Kunstliebhabern sei ein Besuch im kleinen ⌘ **Ruth-Smith-Museum** (Vágsvegur 101) empfohlen, das eine repräsentative Werkauswahl der färöischen Malerin und Grafikerin zeigt. Die 1913 in der Nähe von Vágur geborene Künstlerin erhielt ihre Ausbildung an der Kunstakademie in Kopenhagen und kehrte 1948 in ihre Heimat zurück. Insbesondere in den Landschaftsbildern gelingt es ihr meisterhaft, das einzigartige färöische Licht einzufangen.